文旅融合背景下乡村旅游发展研究

詹 欢 著

吉林摄影出版社

·长春·

图书在版编目(CIP)数据

文旅融合背景下乡村旅游发展研究 / 詹欢著.
长春:吉林摄影出版社,2024.6.--ISBN 978-7-5498-6238-2

Ⅰ.F592.3
中国版本图书馆 CIP 数据核字第 2024BQ0775 号

文旅融合背景下乡村旅游发展研究
WENLÜ RONGHE BEIJINGXIA XIANGCUN LÜYOU FAZHAN YANJIU

著　　者:詹　欢
出 版 人:车　强
责任编辑:罗　晗
封面设计:豫燕川
开　　本:787mm×1092mm　1/16
字　　数:127 千字
印　　张:9.5
版　　次:2025 年 1 月第 1 版
印　　次:2025 年 1 月第 1 次印刷
出　　版:吉林摄影出版社
发　　行:吉林摄影出版社
地　　址:长春市净月高新技术产业开发区福祉大路 5788 号
　　　　　邮编:130118
电　　话:总编办:0431－81629821
　　　　　发行科:0431－81629829
印　　刷:北京银祥印刷有限公司

ISBN 978-7-5498-6238-2　　　　　定　价:65.00 元
版权所有　侵权必究

前 言

　　文化是旅游发展的重要根基,旅游是文化发展的重要载体,文旅融合既是文化和旅游互动共荣的客观需要,也是文化和旅游发展的必然趋势。乡村旅游以具有乡村性的自然和人文客体为旅游吸引物,依托农村区域的优美景观、自然环境和文化等资源,拓展开发休闲娱乐等项目的新兴旅游方式。乡村发展内容广泛,涉及面广,复杂性高,大部分乡村需要从农业产业本身突破,通过农业现代化实现振兴,有些地方则可能通过其他途径来实现振兴。在不断地探索与实践中,乡村旅游这样一条能够发挥乡村综合效益、创造美好生活的重要途径进入人们的视线。

　　近年来,随着经济的持续发展,农村绿水青山、田园风景使得人们越来越喜欢追求农耕体验、乡村游等休闲活动。随着人们生活水平的不断提高,绿色乡村旅游成为人们心中的"世外桃源"。乡村旅游发展时间较短,还需要学术界通过理论来引导与推动,使其实现可持续性发展。也只有这样,才能真正地实现文旅融合背景下的乡村振兴。

　　总体来说,本书在吸收前人研究成果的基础上,基于多年来在乡村领域的理论与实践经验,对乡村旅游的规划、开发、建设、保护等各方面进行了详细阐述。同时,本书旨在为乡村旅游的发展提供一些有效的、创新性的解决策略,力求在战略、理论与实践发展的基础上撰写一本真正有助于乡村旅游发展的工具指引书。

在本书的撰写过程中，作者不仅参阅、引用了很多相关文献资料，而且得到了诸多同行及亲朋的鼎力相助，在此一并表示衷心的感谢。由于时间仓促，作者水平有限，书中难免存在欠妥之处，恳请广大读者不吝赐教。

目 录

第一章 乡村旅游概述 ·· 1
 第一节 乡村旅游的概念 ·· 1
 第二节 乡村旅游的属性、特点与组合系统 ·················· 4
 第三节 乡村旅游的类型 ··· 11
 第四节 乡村旅游的发展趋势预测 ······························ 16

第二章 文旅融合发展研究 ·· 21
 第一节 文旅融合发展的背景与趋势 ·························· 21
 第二节 文旅融合的相关概念 ··································· 23
 第三节 文旅融合的机制 ··· 25
 第四节 文旅融合的模式 ··· 28
 第五节 文旅融合发展规划的性质与特征 ·················· 31

第三章 乡村旅游文化建设与发展研究 ························ 38
 第一节 乡村旅游文化学理论 ··································· 38
 第二节 乡村民俗旅游文化 ······································ 40
 第三节 乡村聚落旅游文化 ······································ 42
 第四节 休闲观光农业旅游文化 ································ 45

第四章 乡村旅游基础设施建设 ································· 51
 第一节 公共基础设施建设 ······································ 51

第二节　乡村旅游土地利用 ………………………………… 57
第三节　乡村接待服务设施建设 …………………………… 59
第四节　乡村信息服务设施建设 …………………………… 64

第五章　文旅融合背景下乡村旅游设施建设 …………………… 70
第一节　乡村旅游设施建设的原则与要求 ………………… 70
第二节　乡村旅游交通与游憩设施建设 …………………… 74
第三节　乡村旅游的绿化设计 ……………………………… 84
第四节　乡村旅游网络信息平台构建 ……………………… 88

第六章　乡村旅游发展产品创新 ………………………………… 94
第一节　乡村旅游产品概述 ………………………………… 94
第二节　乡村旅游产品开发的基本原则 …………………… 104
第三节　乡村旅游产品市场需求分析 ……………………… 109
第四节　乡村旅游产品开发的创新设计 …………………… 114

第七章　文旅融合背景下乡村发展策略 ………………………… 120
第一节　借力文化旅游产业园区 …………………………… 120
第二节　探索旅游演艺新模式 ……………………………… 130
第三节　推进文化旅游产业集团化建设 …………………… 135

参考文献 …………………………………………………………… 143

第一章 乡村旅游概述

第一节 乡村旅游的概念

一、乡村旅游的概念界定

(一)乡村旅游的地理空间范围

乡村旅游活动必须以村落、乡镇以及周边的自然环境为载体。但要明确一点,并非所有发生在村落和乡镇的旅游活动都属于乡村旅游的范畴,如在乡镇、村落地区建设的现代化疗养园区、游乐场、主题公园等并不包含在乡村旅游的范畴之中。随着城市化的进程以及小城镇建设的推进,在城郊地带或者城区有以乡村性为主打吸引物的旅游也可视为乡村旅游。

(二)乡村旅游的活动内容

乡村旅游围绕着乡村特有的自然和人文景观作为挖掘点,从传统意义上的旅游六要素方面来看,旅游景区开发出了吃、住、行、游、购、娱的商品和产品。依据体验营销的概念,还可以从传统的观光游转化为动手做、亲身体验。比如,北方的很多乡村旅游接待农户会和游客一起包饺子,这是乡村旅游产品综合开发的思路。

(三)乡村旅游的核心吸引力

与城市相比,乡村的交通不够便利,基础设施不够完善,各种消费场所也是较为稀少,然而乡村吸引了大批的游客,根本原因在于村落、乡镇与城市的差异性特征对城市游客具有一定的吸引力,如空气、建筑、民风、瓜果蔬菜、生活方式、原生态的自然环境等,把这些因素组合在一起就形成了核心吸引力——"乡村性"。乡村旅游的原真性,以传统乡村为基础,维持原乡村旅游概念的界定,首先要明确乡村旅游应侧重旅游,而旅游要以游客的需求为出发点,利用自身乡村性的特点"生产"适合乡村旅游的产品与服务;其次,要把握好乡村旅游的特征。

从传统的视角看,并非发生在乡村地区的旅游形式或活动都是乡村旅游,只有当旅游与当地乡村资源、乡村社区环境及乡民的生产、生活相融合时才能称得上是乡村旅游。乡村旅游发展中很重要的一点就是乡村社区及村民的参与。

从发展的视角看,随着时代的发展,游客的乡村旅游活动已不限于乡村性的活动,在乡村环境的非城市体验也被纳入了乡村旅游的范畴,有的乡村旅游只是在空间和资源上具有乡村性,不再过多强调社区参与和活动。在对乡村旅游出发点及特征把握的基础上,从地方发展乡村旅游的视角,可以把乡村旅游定义为在城市以外的广大乡村地域内,利用乡村自然景观环境、田园景观、农林牧渔生产景观、民俗文化风情、古镇村落景观、农家生活场景以及乡村景观意境等资源条件,立足景观价值的多重性特征,通过科学规划、开发与设计,为消费者提供观光、休闲、度假、体验、娱乐、康体健身的一种旅游经营活动。

从市场及产品的视角看,乡村旅游是一种充分利用乡村的自然环境、人文特色资源,为游客提供旅游观光、娱乐健身、休闲度假、体验购物、科普教育等服务的生态无破坏的综合性旅游活动。

对消费者来说,乡村旅游是一种传统的观光旅游向休闲过渡的新的旅游产品形态。

二、乡村旅游的发展变革

20世纪80年代中期,以农业观光为主要形式的乡村旅游在我国开始出现。进入21世纪,乡村旅游成为国民旅游休闲的重要方式和农民增收致富的重要途径,也是农村经济发展的重要力量。

（一）缘起与发展沿革

我国是一个古老的农业大国，农业资源丰富、乡村景观类型多样，农耕文化历史悠久，具有发展乡村旅游的优越条件。

20世纪80年代后期，随着农村产业结构调整，农业观光旅游项目开发成为当时乡村旅游发展的主要渠道之一，为第一、三产业结合，多产业融合找到了一个切入点。

进入20世纪90年代，我国乡村旅游虽发展迅速，但仍处于起步阶段。这个时期，乡村旅游主要围绕知名景区展开，体现出"农游合一"的特点及格局，且多分布在经济发达省份、大城市郊区，主要以"观光＋休闲"为主，主要活动内容是吃农家饭、购农家特产、森林浴、乡土文化欣赏等。随着经济的发展，在国内旅游业快速增长的同时，乡村旅游随着大景区的火爆在景区周边迅速发展起来，与景区旅游形成互补。同时，乡村旅游的客源市场开始扩张，更多的城市居民参与到乡村旅游活动中。同一时期，生态旅游越来越受到重视，随着生态旅游的发展，农家旅馆在一些经济发达地区及旅游热点地区悄然兴起，成为乡村度假旅游的重要载体之一。至此，乡村旅游实现了从观光旅游到休闲度假方式的升级，成为我国广大乡村发展第三产业及产业融合的重要途径。

随着我国乡村旅游的客源市场迅速扩大，消费需求和消费能力有了较大幅度的提升。以"新农村、新旅游、新体验、新风尚"的发展理念及思路全面推动了乡村旅游质量和效益的提高，农家乐、观光园等传统乡村旅游产品数量大幅度提升，内容上也更加丰富。

在扩大内需、刺激消费等政策引领下，旅游业作为拉动国内消费市场的抓手受到了高度的关注，我国乡村旅游随旅游业的发展迈上了新台阶。旅游已成为大众性消费，游客群更加广泛，旅游空间不断扩展，为中国乡村旅游发展提供了更好的产业基础。乡村旅游从点状发展转向集群发展，乡村旅游的辐射和带动作用增强，运营主体多元化特征显现，不同经营模式得到探索。

2013年，国家启动"美丽乡村"创建活动，为乡村旅游提供了更好的发展平台。在美丽乡村建设框架下，乡村旅游与乡村产业进一步融合，极大丰富了乡村旅游的业态及产品形态。其间，受政策鼓励，外部企业、外部资本和外部人才开始进入乡村,经营模式进一步丰富深化。普通农民个体经营和村集体经营规模也在扩大,有政府支持和思维扩展,经营的科学性得到了提升,经济效益越来越好。部分地区政府作为主要管理者也加入乡村旅游的经营中,积极发动鼓励村民参与乡村旅游的发展。

我国交通运输业及互联网的快速发展,使得城乡之间的区位差异不断弱化,让一些边远乡村的区位劣势成了发展优势。借助交通工具,乡村旅游的分布由点、轴联动逐步向着空间上的全域发展。乡村旅游在脱贫攻坚全面小康进程中,乡村从外到内都发生了根本性的变化,各种公共服务得到了完善与丰富,这为乡村旅游进一步广泛而高质量地发展奠定了更坚实的基础。乡村旅游与文化、美食、交通、教育等的融合越来越深入,新的产品形态不断融入传统乡村旅游产品中,生动活泼、形式多样、特色鲜明,已成为乡村旅游发展的新趋势。

(二)乡村旅游发展趋势

进入新发展阶段,我国乡村旅游与整体旅游业一样面临着高质量发展的新要求。未来乡村旅游发展在深度挖掘、传承提升乡村优秀传统文化,带动乡村旅游发展方面会发挥更大的作用。各地将根据资源、市场及消费需求变化,实施主题化、特色化、差异化发展。未来乡村旅游发展将呈现六大发展趋势,即乡村主题化、体验生活化、产品细分化、业态多元化、服务规范化、村镇景观化。特色化与主题化是乡村旅游产品的"灵魂",是未来乡村旅游发展的基本要求。未来乡村旅游应围绕"旅游是一种生活、学习和成长方式"的理念,优化产品结构,丰富产品供给,着力构建好全方位、多层次的乡村旅游业态与产品品牌体系。

第二节 乡村旅游的属性、特点与组合系统

一、乡村旅游的属性分析

前面各种乡村旅游概念的界定基本是从游客视角或经营者的视角做出的。近几年围绕乡村旅游提出了很多新概念和新理论,如游居(即旅游

式居住)、游居(即居住式旅游)、诗意栖居(即生态文化游居方式)、第二居所(即以游居为主的旅游式居所)、微度假、野行(是以修身养性为宗旨,以村庄野外为空间,以人文无干扰、生态无破坏、行走无路径为特色的村野徒步运动)、轻建设、场景时代等,新概念和新理论的提出使乡村旅游内容更丰富,形式更多元。

各地发展乡村旅游,特别是各方在参与乡村旅游发展中,了解概念固然重要,但充分认识乡村旅游的属性更具有实践价值及意义。在充分研究乡村旅游发展沿革及概念界定历程的基础上,挖掘出如下乡村旅游的属性。

(一)空间与发展属性

乡村旅游的发生地在乡村,这里的乡村有别于荒野,是从事农业生产、有农民居住且传承着特色地方文化的区域。乡村与城市是相对的,在空间上是互补的。因此发展乡村旅游需要明确发展的空间是乡村。这个空间的地理区位、交通区位在乡村旅游的发展中起到了重要的作用。

乡村旅游虽然发生在特定的乡村空间,在其发展进程中,由于社会经济文化及参与者(包括实施者、消费者及服务者)消费理念等的变化,乡村旅游的内容是在不断发展变化的。同时随着技术的进步,特别是交通条件的改变,乡村区域的旅游价值也会发展改变,也就是说空间的旅游价值处于发展中。

(二)保护与利用属性

发展旅游需要有吸引物,资源是构成乡村旅游吸引物的核心。判断一个乡村区域是否适合发展乡村旅游,很大一个因素就是看这个乡村区域的旅游资源及其价值。

游客到乡村的旅游、休闲、度假等活动需要依托乡村资源来展开,乡村旅游发展需要依托乡村区域内的物质和非物质资源来进行。发展乡村旅游需要判断乡村资源的旅游利用属性,并不是所有乡村资源都可用来做旅游开发。

乡村旅游发展需要对乡村资源基于保护的前提做资源属性及价值分析,通过综合分析,做出判断,明确哪些是可开发直接利用的,哪些是需要保护性利用的,哪些是作为背景资源利用的,哪些是可以通过产业融合借助特色业态间接利用的。

(三)生产与生活属性

人们在认识乡村旅游的时候多从游客的需求的角度来进行分析界定,从某种意义上看是一种消费思维。从乡村发展的视角,乡村旅游对于当地机构、企业及村民来说是一种特殊的生产行为,发展乡村旅游需要"生产"出游客愿意"购买"并消费的内容,即乡村旅游产品。因此发展乡村旅游具有了生产属性,因为具有生产属性,乡村旅游发展需要策划、规划、投入和必要的建设,更要有产出,这样才能对接游客的消费需求。因此也提醒人们高质量发展乡村旅游是一个系统工程。

同时,乡村旅游由于其发生地域的特殊性,与过去传统的景区旅游有很大的差异。大部分乡村旅游资源不仅是旅游资源,同时也是当地居民的生产资源和生活资源,当地居民的生活本身又是乡村旅游资源的重要组成部分,很多旅游体验的内容也是当地居民生活的状态。如早期的乡村民宿,其本身就是乡村居民的居所,因游客需要提供住宿和部分餐食,有条件的还可以让游客在自家的菜园里体验摘菜等活动。

(四)产业与事业属性

从旅游到旅游业再到旅游产业,体现了旅游的经济产业属性。发展乡村旅游需要投入、生产和产出,需要有经济效益,因此具有鲜明的产业属性。乡村旅游围绕游客最基本的吃、住、行、游、购、娱也存在上、中、下游产业体系和产业链,因此成为促进乡村产业发展的引导产业,也成为我国乡村振兴中产业振兴的重要组成部分及重要抓手之一。

同时由于乡村旅游发生在乡村,发展乡村旅游有助于乡村地区生活条件的改善,缩小城乡居民生活水平的差距。对于乡村居民,通过发展乡村旅游可实现在地就业,提高农业附加值,增加非农收入;对于游客,可满足日益增长的旅游、休闲、度假、健康等多方面的需要。现代人们越来越重视乡村,特别是我国提出乡村振兴战略后,人们参与乡村发展的动力及积极性倍增,无论是企业还是个人都希望参与乡村发展的建设,乡村旅游,特别是乡村旅游业因其同样具有旅游业的综合性、融合性及先导性等特点,因此成为各行业、企业、个人参与到乡村发展中的首选。

作为旅游业的重要组成内容,乡村旅游业同样是提高人民幸福指数的幸福产业,为此,各方面都在加大相关投入,满足城乡居民旅游的刚性需求。从这个意义看,发展乡村旅游不仅有经济价值,更有社会价值,乡村旅游业具有了事业属性。

(五)产品与市场属性

乡村区域乡村性的体验对游客有较大吸引力,从旅游活动内容上看,乡村环境、农业景观、乡村生活等都是乡村旅游吸引物的组成部分。游客的乡村旅游活动是由不同的具体活动,如观光、采摘、品尝美食、参与农事活动、体验传统民俗、参与手工制作等组合而成的。游客可以根据具体目的自行选择与组合,也可委托相关机构代为组合并提供服务,从事这样的活动就是旅游消费的过程。这些活动及活动组合与乡村提供的相关服务共同组成了不同的乡村旅游产品。因此,发展乡村旅游需要明确游客的消费需求,进行动态的市场分析,生产提供满足不同游客乡村旅游需求的传统与时尚结合的乡村旅游产品。

(六)生态与文化属性

在实践中,要求乡村旅游发展做到对环境、对当地文化的影响最小,对目的地民众的利益最大,并最大限度地满足游客对"娱乐"的需求。这些内容与生态旅游、遗产旅游的要求是一致的。

发展乡村旅游的乡村区域都是生态环境优越并蕴含着特色传统地域文化的区域,优质的生态环境与特色文化本身就是最具吸引力的旅游资源,发展乡村旅游需要注重生态保护和文化保护,在乡村旅游产品及商品中体现生态价值及文化价值。

二、乡村旅游的特点分析

(一)时空特征

(1)独特的活动区域——乡村。乡村地域广大,种类多样,多数地区仍保留自然风貌。

(2)分散的时空结构。中国的乡村旅游资源,上下五千年,十里不同俗,且大多以自然风貌、劳作形态、农家生活和传统习俗为主,受季节和气候的影响较大。因此乡村旅游时间的可变性、地域的分散性可以满足游客多方面的需求。

(二)内涵特征

(1)优质的自然生态环境。乡村有独特的自然生态环境及风光,生产、生活环境,生活方式和文化留存相对传统,体现着人与自然的和谐。

(2)高品位的文化层次。乡村文化属于民间文化,我国乡村绚丽多彩的民间文化具有悠久历史和丰富内涵,致使乡村旅游在文化层次上具有高品位的特点。各种民俗节庆、工艺美术、民间建筑、民间文艺、趣事传说等,赋予乡村深厚的文化底蕴,对于城市游客来说,具有极大的诱惑力和吸引力。

(三)客源特征

(1)游客组成。乡村旅游的客源大部分是城镇居民。城镇居民的生活环境与农村不同,对农村环境和农村生活缺乏直观的感受和了解,这也是乡村旅游最大的发展动力。

(2)参与的主体行为。乡村旅游不仅仅指单一的观光游览项目和活动,还包括娱乐、康疗、民俗、科考、访祖等在内的多功能、复合型旅游活动。乡村旅游的复合型导致游客在主体行为上具有很大程度的参与性。乡村旅游能够让游客体验乡村民风民俗、农家生活和劳作形式,在劳动的欢快之余,购得满意的农副产品和民间工艺品。

(四)发展与经营特征

(1)经营主体呈现多样化特征。乡村旅游发展初期以家庭经营为主,随着发展的升级及社会经济的影响,企业、组织(协会)、合作社、个体等都参与乡村旅游活动,经营主体呈现多样化特征。

(2)乡村旅游涉及面广,在发展中需要多部门参与,共同支持。通过分工协作,齐抓共管,共促发展。

(3)可持续高质量发展。现代乡村旅游融合乡村自然意象、文化意象和现代科技于一体,旅游发展与农业生产于一体和城市旅游与乡村旅游于一体,是可持续旅游,由此现代乡村旅游进入创新、协调、绿色、开放、共享发展的阶段。

三、乡村旅游的组合系统分析

无论如何界定乡村旅游概念,乡村旅游作为旅游发展的重要内容,都是最具地方性的旅游产品。乡村旅游虽发生在乡村,其核心仍是旅游,因此其组合系统还是以旅游要素为基础,结合乡村旅游发展及需求进一步拓展。

(一)消费者构成的市场系统

由消费者构成的需求市场对乡村旅游发展起着重要的作用,乡村旅游消费者即乡村游客是乡村旅游发展的主体,直接影响着乡村旅游的业态组合、项目类型、活动内容及发展趋势,是乡村旅游发展的关键因素之一。发展乡村旅游必须有一定规模且相对稳定的消费需求市场。

乡村旅游市场的地域空间与传统景区不同,是一个由近及远的市场。目前的消费主体是近距离的城市居民。但随着乡村旅游地的发展,待其知名度达到一定程度时,会吸引远道而来的旅游者。一些地区,特色鲜明的乡村景观及文化呈现出不可替代性时,其市场半径将不断扩大,甚至吸引了海外游客。

乡村旅游在一定程度上主要满足城市居民微旅游、微度假需求,发展初期消费人群构成主要以家庭出游、亲子游游客群为主,随着业态的不断丰富和活动内容的增加,消费群体的构成逐渐呈现多样化。

(二)旅游资源构成的吸引力系统

在消费市场已形成的背景下,发展乡村旅游需要有能吸引游客的旅游资源以及由资源为基础构成的吸引力系统。由于乡村旅游地多为开放的乡村区域,乡村能吸引城市居民的内容有有形的,也有无形的,乡村旅游资源具有明显的综合性和复杂性。其存在形态差别较大,表现与表达方式也不同,还有更多意象内容,与发生地乡村的文化、经济,特别是当地的生产、生活及人本身密切相关。

乡村旅游资源为基础构成的吸引力系统包含宏观、中观和微观三个层次,内容包括有形与无形两大类别。

(三)由硬件和软件共同构成的服务系统

旅游活动需要从惯常居住场所到旅游目的地,在旅游目的地还需要有吃、住、行、游、购、娱等的服务,这些服务需要旅游目的地的相关机构、企业、人员提供。乡村旅游同样需要这样的环节与系统,而且乡村旅游的服务系统相较以往观光旅游服务系统更复杂、更具体,还需要体现乡村性。

(四)乡村旅游形象

乡村旅游发生在乡村,由于地理环境、发展历史及文化等方面的原因,乡村的地域特征及乡村性表现各有相对的差异。不同时期人们对乡村的认识、认知、意象也是有差异的。

选择乡村旅游,更多的人是循着乡村意象,奔着凝聚乡愁的精神故乡而来。乡村旅游地需要把乡村意境融入乡村景物、景象中,通过文化探寻、活动体验系统向人们展示现代乡村、满足人们回归"乡村"的精神需求。在此过程中,需要把乡村的历史、文化等个体特征与游客的公共需求和个人诉求相结合,把理想化的乡村意境与现实结合起来,营造意境,结合品牌打造,构建乡村旅游形象体系。乡村旅游形象系统构建需要研究处理好几个关系,即大众认同形象与个人诉求的关系、积淀的理想与现实的关系、文化认知与活动体验的关系、传统文化与时尚文化的关系等。该体系中,有游客期望形象,各类媒体传播乡村、村民文化与精神的形象,旅游产品形象,旅游商品形象,游客感知形象等内容。

(五)产品及品牌系统

乡村旅游同样需要构建自身的产品体系,这样才能满足乡村游客多样化的旅游需求。乡村旅游产品可以有类似传统旅游的点、线、面叠加优质服务构成的综合产品,更因其游客构成及需求的特殊性,需要有单一要素形成的多样性特色产品。每一类产品还应在乡村旅游目的地形象基础上形成自己具有鲜明个性特征的产品品牌,共同构成乡村旅游目的地旅游产品品牌体系。

(六)运营管理系统

旅游是典型的服务行业,在旅游产品中,服务占了较高的比例。要让城里人来乡村、住下来、享受乡村生活,还要让他们再来,不仅需要资源,更需要服务,要保持优质的服务,必须依靠运营管理。

乡村旅游可持续高质量发展,要保护利用好乡村生态环境,要通过产业融合、业态创新,要传承利用发扬传统文化,还要提升服务、创新服务吸引游客到乡村旅游,让更多的村民参与进来,实现主客共享、共同富裕等,这些都离不开有效的运营与管理,需要有一套完善而有效的运营管理系统。

第三节 乡村旅游的类型

一、根据发展依托对象来划分

(一)农田依托型

观赏田园风光、体验乡村野趣是都市人选择乡村旅游的基本要求,但在观光游览过程中,单纯地以自然田园风光为主的观光方式,无法满足市民对更高层次具有文化品位的专门化活动的需求。因此,本土浓厚的乡土文化特色和农村人文景观成为越来越多城市居民关注的热点。

农田依托型的乡村旅游主要依托富有特色的种植业、渔业、牧业和副业发展起来,如成片的甘蔗林、花卉园、瓜果园、基塘地、油菜花田等。此类型乡村旅游地的旅游活动项目与内容多紧扣所依托的基础农业业态进行,多以农事参与为主,如稻田插秧、水车灌溉、鱼鹰捕鱼、采藕摘茶等,并在此基础上融入乡村风俗,举办龙舟竞赛、荡秋千、赛马、射箭、赶歌等农村活动。典型的如桂林雁山的无公害园地,兴安县的橘园、葡萄园、草莓园,昆明团结乡的苹果园等,一年一度的采摘活动,吸引了大批的游客,同时也为当地创造了良好的经济效益。

(二)乡村聚落依托型

乡村聚落的自然生态、秀丽山水、人文生态景观、特有的历史文化和乡情习俗构成一个个特色浓郁,带有极强的文化与生态色彩的乡村旅游地。以乡村聚落、农民生活为依托的乡村旅游发展是很多地方的主要选择。

此类乡村旅游主要依托乡村聚落及聚落景观(如村落景观和其他建筑形式、乡村民居及乡村人文环境等)发展乡村旅游。我国乡村聚落地域特色鲜明,分布及布局类型多样,有聚团式分布、带状格局、环状聚合、点状存在等,聚落形态及在村落中分布的乡土民居地方特色鲜明,如黄土高原的窑洞、东北林区的板屋等民居,这些乡村乡土建筑承载着特有的乡土文化,对游客极具吸引力。都市人们的生活节奏越来越快,工作压力也日益增加,城市人对乡村生活的悠闲和恬静十分向往,对传统的生活方式十分怀念,因此,到乡村小住几天,感受宁静的乡村生活成为城市人较为流行的一种旅游休闲方式。

(三)复合型

旅游对象不是以某一种类型为主,而是包括多种内容,如农业景观、民族风俗、各式建筑、聚落形态,甚至包括附近的山水景观和周边优美的生态环境,这是一种内容丰富、活动多样的类型。

二、按对资源和市场的依赖程度来划分

(一)资源型

对乡村资源依赖程度较高的乡村旅游地,资源品位一般较高,特色较浓,主要依靠丰富而独具特色的旅游资源吸引游客。

根据乡村旅游依托资源本底的不同,还可将此类乡村旅游地进一步划分为历史文化型(包含民族民俗)、自然生态型、农业元素型(产业型)。

1. 历史文化型(包含民族民俗)

历史文化型依托古民居、古街巷、古民俗等历史文化价值高的乡村文化遗产,以文化的保护与再利用为核心,围绕文化遗存发展旅游,形成文化记忆浓厚、文化体验性强的文化主导型乡村旅游发展模式。这一类型强调空间的聚拢性,区域面积不大,自然山水优美或文化特色鲜明,古村

落、古民居、古街巷等保存较好,具有很强的文化传承性和不可再生性。乡村旅游发展必须处理好开发与保护之间的关系,处理好外来经营者与居民、游客与村民的关系。

2. 自然生态型

自然生态型是指以原汁原味的乡村自然生态为核心吸引力的乡村旅游地类型。此类型乡村旅游地多以乡村生态景观、乡村文化吸引游客。此类型多位于都市郊区,离市中心较远,是城市的"郊野公园"。因山水生态环境清新,地方民俗独特,旅游发展从乡村生产生活区向周边自然山水环境范围进行延伸,形成乡村旅游片区。

3. 农业元素型(产业型)

农业元素型以乡镇、村落为单位,依托原有或可引进的农业(农、林、牧、渔)、工业(加工制造业)及文化服务业,围绕产业发展主题乡村旅游。以主题产业的生产、生活旅游体验为特色,构筑旅游要素发展成为一定规模的主题特色产业,带动乡村产业结构调整优化,形成产业引导型的乡村旅游发展模式。此类型乡村旅游地多依托城市和知名景区(点),处于环城游憩带。此类型乡村旅游地的发展,产业主题性强,旅游活动受农业产业影响大,特色产业资源是关键。

在发展进程中,此类乡村旅游地的乡村生活区向农业生产范围延伸,空间再塑性强,发展初期多以政府引导性投资为主,后期随着产业壮大,社会资金开始注入并不断壮大。

(二)市场型

对市场依赖程度较高的乡村旅游地一般来说位于经济发达、人口众多、交通方便的地方,特别是在大中城市周边分布较多。多数是为满足大中型城市巨大的旅游需求,在原有的农业和现代农村聚落景观基础上,融入现代科技而发展起来的各种观光农业。

三、按形成机理分

根据各方在乡村旅游系统中所起作用的不同,将乡村旅游分为三种类型,包括需求拉动型、供给推动型及政策扶持型。

(一)需求拉动型

需求拉动型主要受市场需求的影响,一般位于城市及知名景区周边。这一类型乡村旅游的资源本底也很重要,但不起决定性作用;另一方面是由于其周边有巨大的长三角旅游市场,该市场的个性化、品质化和国际化需求旺盛,对乡村旅游地的发展起到了更大的作用。

(二)供给推动型

供给推动型是指受旅游供给的推动影响,发展成具有吸引力的乡村旅游目的地。这一类型乡村旅游地的发展与资源的关联度高,其发展需要具有一定的经济基础,具备投入开发乡村旅游产品的实力。

(三)政策扶持型

政策扶持型主要指受政府政策推动和扶持作用发展起来的乡村旅游地,这样的地方过去远离客源市场,但因资源本底较好,发展乡村旅游具有一定的潜力,在政策的引导下开始发展乡村旅游。

四、按区位条件分

(一)中心城镇依托型

分布于城郊或环城带,以中心城镇游客多次出游为主,依托中心城镇的配套服务和空间延伸,提供差异化、特色化的乡村旅游产品和服务。比较容易集聚,形成环城游憩带,与中心城镇形成共生关系,业态上以吃、住、娱为主。

(二)重点景区依托型

分布于成熟景区周边或内部,或自成景区,以景区客源一次性游览为主,属于景区部分功能和业态的外溢和延伸,发展吃、住、购等业态作为景区的补充并服务到景区游览的游客。此类乡村旅游地与景区形成寄生关系,并且以景区为中心呈放射状分布,在业态上与依托景区相互补充,主要是餐饮、住宿和购物。

(三)优势资源依托型

区位相对独立,依托具有竞争力和绝对优势的资源,如可视性较强的景观资源、聚集特色的文化遗产或是富有竞争力的产业形态,通过外来的资本注入、客源导入等实现快速发展,以自身为中心向周围辐射进行自我生长,形成聚集区或功能区、目的地,未来可向景区依托型转变的乡村旅游地。

(四)交通干线依托型

依托具有目的地性质的景观道,沿线分布,组团发展,形成具有特色的乡村旅游集聚点,客源来自景观道的自驾或团队群体。

五、按参与主体分

根据乡村旅游参与主体在乡村旅游活动中所起作用的不同,将乡村旅游划分为以下类型。

(一)农民主导型

农民对自己所拥有的旅游资源进行管理,自主、分散、独立经营,各自承担经营风险,并独享经济收益。该类型能最大限度地维护农民的利益。根据实际经营结构组织的不同,可细分为"农户＋农户"、个体农庄、村集体三种农民主导的乡村旅游经营模式,突出村民参与形成发展合力。

(二)政府主导型

由政府直接(成立管委会)统筹规划开发与运营管理,以旅游发展收益反哺资源保护投入,并为当地居民提供就业机会,促进农民增收。随着市场经济的发展,政府统筹运营管理的乡村旅游项目中,也出现了市场化运作的现象,即政府成立旅游开发公司,执行乡村旅游项目的市场运营工作。

(三)企业主导型

在一些资本经济活跃度高、市场相对成熟、土地与资金政策改革试点的区域,如经济发达的长三角地区等,开始出现以企业为主导,以成熟的公司组织架构来投资开发并运营管理乡村旅游项目的乡村旅游发展方式。

(四)混合型

乡村旅游的开发运营进入优化调整期,从前期的农民主导型、政府主导型、企业主导型转向混合型,即由农民、政府、企业、投资商等多方共同参与乡村旅游的开发运营管理,充分发挥各类主体的独特经营优势,多方通力协作,合理协调不同相关者的利益诉求,优化运营管理。

六、按科技含量来划分

(一)现代型

科技含量高的乡村旅游地或项目。一般位于大中城市附近,在原有农业的基础上,融入现代科技,进行人工设计形成一个"自然—人工"系统,典型的如农业科技园。此类型乡村旅游地以农业观光为主,多分布在郊区的农、林、牧生产基地,功能多样,既可以为城市提供时鲜农产品,也可以开展农业观光、蔬果采摘等活动。

(二)传统型

传统型乡村旅游主要是指以特色鲜明的传统乡村的自然、文化和社会资源,以及传统农耕文化、农业生产方式等为旅游吸引物及吸引要素的乡村旅游。此类乡村旅游地由于地理区位及环境等因素影响,一些村寨至今仍保留着传统的乡村风貌,传承着传统的生活与生产方式。优秀的传统文化、传统习俗,以及传统的生态理念、生产方式和生产的农特产品等,对游客及消费者有较强的吸引力,是游客体验"乡愁"最适宜的地方。

第四节 乡村旅游的发展趋势预测

目前,我国乡村旅游不仅有庞大的规模体量,而且有更广阔的发展前景。从零散的自发开发到政府引导规划发展,从一家一户的小规模开发到产业化发展,从口碑营销到利用网络等多渠道整合营销,形成了具有特色的乡村旅游开发模式,呈现出新的发展趋势。纵观我国乡村旅游的发展现状,以及诸多学者的一些研究成果,我国乡村旅游主要有以下一些发展趋势。

一、参与主体多元化

我国农家乐在发展初期主要是农民利用自家农田果园、宅院等设施条件向城市居民提供的一种回归自然、放松身心、愉悦精神的休闲旅游项目,多由乡村中思想开放、经济基础较好的农民精英率先创办。随着乡村旅游的多元化发展,不仅政府有关部门给予了更多的重视和支持,将休闲农业和乡村旅游发展纳入农村社会经济发展和旅游业发展的体系中加以引导和扶持,而且农家乐的经营者也突破了单一由农民自发投资经营的局面,村民投资、政府支持资金、城市产业投资、城市居民投资、外商投资等多元投资风生水起,经营主体也出现了村民、城市居民和外来投资商等多元并存的格局。在未来,伴随着乡村旅游发展模式的多元化,乡村旅游参与主体也必将越来越多。当然,多元主体参与的乡村旅游发展少不了政府的引导。

二、更加注重开发创造特色资源

我国早期的乡村旅游都是依托当地的既有自然资源发展起来的。随着休闲农业和乡村旅游的发展,简单地依托特色资源发展的乡村旅游已难以适应时代发展的要求,所以,乡村旅游不仅要依托特色资源,而且要在原有基础上开发创造更多的特色资源,这在当前已经有不少案例。显然,未来乡村旅游的发展也必然更加注重开发创造特色资源,使乡村旅游产业有更强劲的生命力。

三、生态旅游、文化旅游与乡村旅游的结合将更加紧密

乡村旅游具有人与环境协调的优势,乡村旅游是建立在农业生产和自然、人文环境融合、协调基础之上的。所以,乡村旅游需要将生态旅游和文化旅游结合起来,这也是与中国传统的"天人合一"的哲学思想和当前构建和谐社会的发展思路相符的。今后的乡村旅游将更加注重合理开发和规划,改变重设施建设、轻环境营造的现象,进行产品的深层次开发,注重参与性,挖掘乡村旅游产品的生态和文化内涵,努力使农耕文化与现代文化和谐相融,使旅游者在走向自然、回归自然的同时又能体验中国内涵深厚的文化底蕴。

四、产业集聚化越来越明显

现代产业具有集聚性的规律性要求。乡村旅游作为现代产业当然不可能沿袭一家一户分散发展模式,否则就不能产生集聚效应和规模效应,难以实现持续发展,乡村旅游也应当在"合力发展"的基础上逐步呈现出产业集聚的发展趋势。

五、管理更为规范化

在乡村旅游发展初期,乡村经营者主要是自发经营农家乐等旅游业务。目前,各级政府部门和乡村旅游经营者逐渐形成了实行标准化经营、规范化管理的共识。国家和地方政府有关部门以休闲农业与乡村旅游示范县和示范点创建为主要抓手,提出了农家乐等乡村旅游经营的规范标准和管理条例。各地在积极创建休闲农业与乡村旅游示范点、星级农家乐的同时,按照国家景区管理的标准建设乡村旅游景区。

六、以供给侧改革打造乡村旅游精品

乡村旅游作为我国旅游业近些年来发展较快的领域,在供需关系方

面面临着巨大的压力。为此,只有不断加大乡村旅游的供给侧改革力度,提升产品供给质量,转型产业结构,才能有效应对市场的需求,进而促进其转型升级。从供给侧改革推进乡村旅游有着极为重大的意义。它能够更好地满足旅游者的个性化与多样化的需求;能够促进乡村经济的发展与农业文化的传承;更能够促进全域旅游的结构转型。

具体来说,以供给侧改革打造乡村旅游精品,需要多措并举。

第一,推进农业供给侧结构性改革,加强乡村旅游的要素供给和公共服务设施供给。加强乡村旅游的要素供给,特别是乡村旅游用地政策和金融政策的改革,才能让乡村旅游落到实处。此外,鼓励信用担保机构为新型农业经营主体提供担保服务;鼓励农民合作社开展内部信用合作、创新农业投融资机制,这些政策能加强乡村旅游金融要素供给。加强公共服务设施供给,不仅有利于改善乡村旅游的环境,提升乡村旅游的品质,同时还可以改善乡村居民的人居环境,统筹推进美丽乡村建设和新农村建设。

第二,构建科学合理的乡村旅游开发规划体系。推进乡村旅游供给侧改革,必须做好开发规划工作。在乡村旅游规划过程中,要确立长远眼光与目标,使乡村旅游规划设计与本地乡镇规划、农村社区整体规划保持一致,进而突出乡村旅游的本地特色。同时,还应与农村生态环境保护相结合。只有促进乡村生态环境的持续发展,才能够实现开发效益最大化。

第三,推动乡村旅游的跨界融合,丰富"旅游+农业"的新业态。乡村旅游应当与农业、乡土文化、信息技术深入融合。在信息技术快速发展的时代,只有推进乡村旅游与农业、文化、信息技术相结合,才能够更好地满足消费者需求。所以,旅游企业不要局限于观光农业、休闲农业和体验农业,要加强乡村旅游中的技术创新,大胆尝试诸如养生农业、创意农业等新业态,要打好民族牌、文化牌、生态牌,挖掘乡村旅游的民族特色和本土特色。乡村旅游特色的打造要突出资源优势,培育乡村旅游精品,突出文化特色,营造乡土文化氛围。

第四,从旅游者的需求角度去思考,增加特色旅游商品的供给。旅游商品是乡村旅游汇聚财气的重要突破口,要重点增强旅游商品的文化创意、地方特色和可携带性。例如,浙江省的安吉县将竹子进行充分利用,打造了各种特色商品。从一开始的竹席、竹垫,到竹子做的电脑键盘,再到竹纤维制作的毛巾和服饰、竹炭系列洗护用品,用竹子为原材料的旅游纪念品数不胜数、叹为观止。

第五,积极引进及培育乡村旅游专业人才。人才是乡村旅游供给侧改革的关键要素,要积极引进和培育大量能够满足乡村旅游所需的人才。所以,当前加大乡村旅游人才引进力度,解决当前人才不足问题,为乡村旅游发展注入活力,是打造乡村旅游精品必须重视的内容。各地政府应该结合本地乡村特色,定期举办旅游人才培训班,提升乡村旅游从业者的综合素质,借鉴国内外乡村旅游发展的先进经验,更好地推动乡村旅游供给侧改革。

第二章 文旅融合发展研究

文化是旅游的灵魂,旅游是文化的载体。推动文化旅游融合发展是新时代新征程建设文化强国、旅游强国的顶层设计和重大举措,也是促进消费升级、拉动内需的重要抓手。文化旅游融合发展,规划引领是前提,也为规范管理我国文化和旅游规划工作,健全工作体制提供了基本依据和指导。通过对文旅融合发展规划的研究与实践进行梳理,可为今后我国文旅融合发展规划的编制提供研究思路和参考内容,并使规划在实践中产生更好的引领和指导作用。

第一节 文旅融合发展的背景与趋势

一、文旅融合的发展态势分析

(一)文化深度体验成为旅游产业发展的新亮点

现代旅游已经从传统"看山看水看风景"的观光游向以文化为主题导向的"文化深度游""休闲体验游"转变。文化性作为旅游产业的核心特质之一,体现在旅游活动的各个方面。受益于中国经济转型以及消费升级,旅游人群对旅游内容要求日益增高,国民旅游诉求从求量到注重旅游产品和服务质量,追求旅游品质及体验深度转变;从追求单一的观光产品转变为追求多样化的复合型休闲度假旅游产品,深度参与并充分感受目的地文化内涵的旅游方式正成为一种新时尚。

(二)文化旅游融合新型业态不断涌现

在鼓励文旅融合发展的利好政策环境和巨大市场需求的推动下,市场需求与企业投资纷纷聚集,文旅融合产业实践发展迅猛。旅游与文化产业融合,丰富了旅游体验的深度,拓展了旅游经济发展的空间。文化与旅游产业融合,使得多种类型的文化资源具有了旅游功能,促进了新型业态的不断出现,激活了文化生命力,弘扬了文化传播。如民俗文化与旅游产业融合形成了民俗文化旅游;工业文化遗产资源与旅游产业融合,形成了工业遗产旅游;乡村文化与旅游产业融合,形成了乡村旅游;医药文化与旅游产业融合,形成了医药养生旅游等。文旅融合催生了各类文旅小镇、文旅产业园区、文旅综合体、文化公园等新载体。

(三)新型企业组织结构的不断演进

在文化旅游融合发展热潮中,原有的文化企业和旅游企业逐渐整合新型部门和业态,形成跨产业的企业组织。相关企业开始多样化经营,创新了组织管理方式,使企业更具活力。如旅行社发挥其资源整合优势,形成集会议组织、旅游咨询、景区管理、展览策划于一身的新型企业,涌现出了诸如华侨城、融创文旅等一批优秀文旅企业。

(四)新兴产业集群逐步出现

文化旅游融合催生了新的产业集群,文化功能与旅游产业整合发展,形成了新的文化休闲旅游综合体,使旅游产业与文化产业竞争力得到了共同促进。

(五)数字科技推动文旅智能发展

近年来,虚拟现实、云计算、物联网、人工智能等新技术的发展为文旅融合带来了新的机遇,广泛应用于文物展陈、舞台表演、线上营销、活动体验等各个方面,促发了文化旅游在产品形式、组织形态、发展渠道以及生态环境的重大变革,市场上出现了许多科技与文旅融合的典型案例产品。

(六)文旅融合空间分布逐渐拓展

从空间视角来看,由于资源禀赋、发展环境和国家及地区经济发展战略的影响,目前我国各地文化和旅游产业融合水平也存在发展不平衡的地区差异特征,我国东部沿海地区拥有市场、人才集聚优势,旅游与文化产业融合发展较快,新兴业态丰富,尤其以江浙地区为代表,形成了带动全国文旅产业融合发展的重要增长极。

第二节 文旅融合的相关概念

一、文化旅游

第一,所有的旅游都是文化旅游。认为文化和旅游是不可拆分的整体,文化是旅游的灵魂,旅游是文化的载体,任何旅游活动都伴随着文化的产生,文化则是为了更好地吸引游客来完成旅游,因而任何旅游都有文化存在,旅游和文化旅游是同一概念。

第二,活动说。文化旅游就是将旅游文化作为消费产品,是旅游者利用自己的艺术鉴赏能力和历史知识来感受其中的文化蕴含,得到精神满足的旅游行为,包括了建筑文化、风俗文化、历史文化、园艺文化、饮食文化这几种文化旅游。

第三,产品说。该观点认为文化旅游是一种特殊的旅游产品,而这种产品主要指文化旅游经营者向旅游者提供的以学习、考察旅游地的文化、风俗为目的的旅游产品,如民俗文化旅游、历史文化旅游等。

第四,意识说。有学者认为文化旅游是旅游经营者在设计旅游产品时的一种创新思维,是一种观念意识的反映,同时也是旅游者从事旅游活动的一种方法。

二、文旅产业

旅游产业是一种以旅游活动为核心的综合产业,一般由旅游市场、旅游产品和旅游服务三部分组成;文化产业是以满足人们的文化需要为目标,以生产和提供精神产品为主要活动的产业。二者同属第三产业,都是为人们提供精神消费服务,因同具经济、文化双重属性的本质特征,有着天然的耦合关系。

目前对于文化旅游产业的定义主要有三种观点,基于结合角度定义的第三种文化旅游产业观点比前两种要深入一些,但并未深入阐释二者是什么关系的结合。

三、文旅融合

在理解文化旅游产业概念的基础上进一步探讨文化和旅游融合的概念。将文化的旅游性与旅游的文化性统一起来是文旅融合的实质。文旅融合将实现旅游和文化的经济、社会以及其他效益的提高,进而促进二者的可持续发展。

产业融合形成的首要条件是产业系统的开放性,远离平衡状态和不同产业要素之间非线性相互作用下的自组织过程,只有具备以上因素,才能促进产业融合。文化和旅游产业融合指的是在市场需求、技术进步和创意引领等内外因素共同作用下,打破原有的两个产业之间的边界,在价值链的解构和重构中实现资源、技术、市场、服务融合和渗透的过程,逐步形成新的产品形式或新业态的过程,因此文旅产业既不属于文化产业也不属于旅游产业。

四、文旅融合新业态

文化旅游两大产业融合背景下产生了更多的新业态、新产品,衍生出了生态文化旅游、体育文化旅游、冰雪文化旅游、文化创意旅游、博物馆旅游等诸多业态。

文化产业新业态是随着数字技术、网络技术和通信技术对传统文化产业的介入和融合而随之产生的一些新兴文化业态。文化和旅游融合新业态则指的是在市场需求、技术进步和创意引领等内外因素共同作用下,文化和旅游产业打破原有的两个产业之间的边界,在价值链的解构和重构中逐步形成,在组织管理方式、产品形态、经营形态等方面有所突破和创新的业态模式。

研究者根据不同文化类型、空间和旅游的融合形式,对目前文旅融合新业态的产品类型进行了梳理。从类型来看,主要体现为工业文化、农业文化、乡村文化、红色文化、历史文化、生态文化、体育文化、影视文化等和旅游的融合;从文旅融合新业态表现形式来看,大到历史文化名城、名镇、名村,小到文化文物单位、景区景点、主题公园、园区街区、消费空间、文化产品等。文化旅游节庆和文化旅游演艺因其显著的集聚效应,日益成为旅游目的地文旅融合的突出亮点。然而在实践发展中,并非只是单一文化和旅游的融合,通常是多种文化、多种表现形式的叠加融合。可以看出文旅融合新业态的突出特点为:高新技术是支撑,文化创意是关键,参与体验是根本。

第三节 文旅融合的机制

文化和旅游的融合机制是促进文化产业和旅游产业融合的内在动力机制和运行体系,普遍认为有消费需求动力、技术创新动力、政府规制动力这三种正向推动力。机制研究主要是解决"为什么融""融什么"等过程问题,形成了一系列基础研究成果。

一、文旅融合的三个核心视角

因文化与旅游的系统性特征,文旅融合的现有研究角度各不相同。而从旅游系统构成出发,文旅融合可以从三个核心视角进行分析。从旅游者的视角看,文旅融合应是作为一种旅游活动过程的旅游与文化融合;从旅游地的视角看,文旅融合应是作为一个旅游地的文化与旅游融合;从旅游产业视角看,文旅融合应是文化与旅游产业的融合。文化与旅游的产业融合是文旅融合的目标诉求,作为一种活动过程的旅游与文化融合是文旅融合模式与机制的表现形式,而作为一个旅游地的文化与旅游融合是文旅融合的内容与效应。

(一)旅游者的视角:旅游活动过程的文旅融合

从旅游者或者游客的视角看,文化旅游融合是旅游活动过程的文化融入与结合。文化旅游产品和文化旅游服务是旅游者文化旅游融合的体验。文化旅游各类活动,如文化体验、沉浸演艺、文博参观、文化研学、文化娱乐、文化主题游乐等产品均为文化旅游融合的实际载体。站在旅游者角度,文化旅游是一种活动过程,而文旅融合是其模式和机制的展现形式和外在表达。文旅融合的系列演化,不论其过程的复杂、内涵的深刻,最终呈现给旅游者的是文化体验感强的文化旅游活动过程。文化旅游以游客为本,文旅融合也应围绕旅游者的旅游活动过程。

(二)旅游地的视角:旅游地的文旅融合

从旅游地的视角看,文化旅游融合是旅游地文化和旅游的结合创新与文化旅游互动效应的供给升级。旅游地挖掘利用文化资源,开发文化旅游产品,提升打造文化旅游目的地,创新形成文化旅游基地、文化旅游景区、文化旅游区等文化特色旅游地。旅游地的文化旅游融合是旅游地的文化特色提升途径,也是新时代下旅游地转型发展的必由之路。旅游地是文旅融合的空间载体,旅游的文化、文化的旅游化,在旅游地演化生长。在旅游地,文旅融合是文化与旅游二者内化形成的内容与效应。

(三)旅游产业的视角:文旅产业的融合

从旅游产业的视角看,文化旅游的融合是文化旅游产业内各行业、各部门与文化内涵的结合,包括旅游产业要素的文化旅游融合以及旅游公共服务的文化内涵融入。例如,传统旅游行业,升级打造文化主题餐厅、文化主题酒店、文化主题娱乐等,通过文化元素融入,提升旅游产业的吸引力。文旅融合的目标诉求,便是文旅产业的深度融合。

二、文旅融合机制:双向驱动,三"角"链合

文旅融合的机制研究的是促进二者融合的核心动力,及其在动力驱动下的文旅融合过程体系。从文旅融合的三个核心视角出发,文旅融合的动力源自文化旅游互促关系,即旅游为文化赋能、文化为旅游增效,而其融合过程关键是旅游者视角下的产品链、服务链,旅游地视角下的效应链、创新链,以及旅游产业视角下的价值链、要素链。

(一)动力机制:旅游为文化赋能,文化为旅游增效

旅游和文化二者相辅相成、共同促进,旅游为文化赋能,文化为旅游增效,文化提升了旅游的内涵和品位,旅游促进了文化的市场与产业。

一方面是旅游为文化赋能。旅游发展更有利于文化的适应性保护或活态传承。因文化是旅游的出行动机,文化保护成为发展旅游的前提和基础,旅游发展使文化保护动力更强。旅游发展提升了文化的经济价值,并带来了广泛的社会效益乃至生态效益。旅游使本地化的文化需求空间扩展,带动了更广泛的文化热度,推动了文化活动的开展与文化市场的繁荣,提升了居民和游客的文化生活。文旅融合为文化保护带来了动力,为文化发展注入了活力,为文化和旅游产业发展赋予了持续的竞争力。

另一方面是文化为旅游增效。文化本身成为旅游发展的最重要动机之一,是旅游的重要吸引物。文化增加了旅游的内容,提升了旅游的品位,丰富了旅游的内涵,使旅游增强了文化性。文化为旅游注入了生动的故事,为旅游者增加了获得感,文化旅游融合能够进一步促进旅游产业的优化升级。

(二)融合过程:三个"视角"的"链合"

1. 旅游者视角:产品链、服务链

从旅游者的视角看,文化旅游融合的过程,即围绕文化旅游活动的行为组织,通过采用特定的手段和方法,把文化内涵融合到旅游产品中,并以旅游的方式展现给消费者。具体内容包括文旅产品链合、文旅服务链合。面向旅游者,文化旅游融合的出发点是持续释放文化和旅游需求,满足文化旅游消费需求,促进形成文化和旅游消费的持续效益,顺应居民消费升级趋势,从文化和旅游的产品组合、服务链合作切入,积极培育文化和旅游消费新热点。

2. 旅游地视角:效应链、创新链

从旅游地视角看,文化旅游融合的过程,核心是文化旅游地融合创新、文化和旅游资源产品的整合创新,提升文化旅游竞争力,强化文化旅游发展的整合效应。首先是融合创新效应。将文化要素融入传统旅游

地,因文化的差异性而增强了旅游地的特色性,旅游地由此而向文化旅游目的地跃升,提升了旅游地的区域竞合优势,从而提升了旅游地的核心竞争力。其次是整合效应。通过持续深入地对旅游资源进行开发可以赋予旅游资源更多的文化特色内涵,可以促进旅游和文化特色的深入融合,从而形成更加有地域特点的文化旅游地。

3. 旅游产业视角:价值链、要素链

从产业视角看,文化和旅游融合的过程,关键是产业链重组,通过各类产业要素重整,实现文化旅游产业价值链的再造。文旅融合推动文化和旅游产业内部组织运行模式的重塑,横向和纵向的产业关联重组,实现价值链的优化整合与提升。文旅融合是对文化价值的创新,它将文化内涵转化为文化体验,通过可感知、可体验的形式传递给旅游者,实现文化资源更高的顾客价值。文化内涵融入旅游活动之中,创新了价值主张,延伸了旅游的要素链。文旅融合拓展了产业边界,促进了产业内部的功能互补和延伸,使产业经济活动有了更新的附加活动和游客价值。

第四节　文旅融合的模式

一、融合模式的研究综述

一般意义上来说,产业融合模式就是产业针对特定对象进行的具有某种特色的融合方式和特点的概括性描述,目前研究中出现了从产业价值链、资源、产品、运营等多角度划分的模式类型。

二、文旅融合模式:全方位、多层次深度融合

从文旅融合的三个核心视角出发,依照文旅融合内容的内在逻辑,文旅融合是一个全方位、多层级的深度融合,应该包括五个方面:一是理念融合;二是平台融合;三是产品、要素、业态融合;四是市场、品牌、服务、交流融合;五是产业的融合。其中理念融合是前提,平台融合是抓手,产品、

要素、业态融合是重点,市场、品牌、服务、交流融合是关键,产业融合是结果。

(一)融合前提:理念融合

思想观念的融合是文旅融合的前提,是文化旅游真正深度融合的基础。应将理念的融合作为文旅融合的先导,从而逐渐深入推进文旅融合工作的各个方面。一是促进文化发展面向旅游需求。文化意味着特色化、本土化,文化体验本身也是旅游出行的驱动因素之一,依托文化资源发展文化旅游是重要的发展方向,文化应是旅游的重要吸引物。文化发展应改变传统文化事业的思路,树立面向旅游需求的理念,与游客需求结合,拓展旅游发展的文化范畴。通过公共文化机构、对外文化交流平台的使用,能够促进旅游推广、为游客提供更加丰富的服务。二是旅游发展带动文化彰显。旅游发展扩展了文化的受众,将本地文化传播给外来旅游者,成为文化影响、传播、交流的载体,形成了不同地域文化交流的纽带。旅游的产业化、市场化特征突出,十分有利于文化产品的繁荣发展。

(二)融合抓手:平台融合

文化旅游平台的融合包括投融资平台、管理平台、服务平台等的融合,是文旅融合的抓手。一是加强投融资平台的融合。建立拥有资源、资金和政策及服务优势的政府文化旅游投融资平台,实现与文化旅游品牌企业的对接,吸引品牌市场、人才资本和管理运营等优势资源进入。加大对建立文旅投融资平台的扶持力度,进一步扩大投融资规模,配置优质资源,围绕已规划重大文旅工程、重点项目着重引进品牌文化旅游企业。二是组建文旅融合的组织管理平台。整合文化和旅游科研机构,组建文旅融合研创平台。三是完善文化旅游市场监管平台,文化旅游应加强联合执法,共同推进文化旅游市场高质量发展。加强重要节点、重点领域文化旅游市场监管和市场黄金期市场检查,切实维护文化旅游者和居民的合法权益。四是文化旅游智慧管理平台。运用大数据、互联网和云计算等技术,结合旅游者行为特征分析,打造集文化旅游地管理与文化旅游者管理于一体的文化旅游智慧管理服务平台。

(三)融合重点:产品、要素、业态融合

文化和旅游融合的重点领域是产品、要素和业态,通过文化和旅游的结合打破原有二者的内容边界而发生融合,进而开发出旅游新的产品、要素和业态,拓展了文化或旅游的内涵和外延。一是产品融合。依托新兴科技、文化创意、时尚艺术等方式,促进文化资源更好地转化为旅游产品。形成了主题鲜明、特色突出的文化旅游产品,开发文化创意、文化康养等主题的新型产品,推出更多文化研学、寻根、文化遗产体验等专题文化旅游线路和项目。二是要素融合。文化元素、非物质文化遗产等资源与旅游要素结合,推出一批具有文化内涵的旅游商品,形成系列文化主题住宿设施,开发一批具有文化主题特色的文化主题餐饮,举办系列文化主题沉浸式演艺或文化旅游节活动,在"食、住、行、游、购、娱"等旅游要素中融入文化元素。三是业态融合。推动文化、旅游及相关产业融合发展,不断培育新业态。推动文化、旅游与科技融合发展,形成新一代主题乐园、新型网红业态、新的消费热点等新的产业形态。通过在产品、业态、要素领域的文旅融合,丰富了旅游的内容,改造和提升了传统的产品,并带给旅游者更多、更新的体验,拓宽了文化旅游发展空间。

(四)融合关键:市场、品牌、服务、交流融合

文化和旅游融合的关键是市场的融合、品牌的融合、服务的融合与交流的融合。文化和旅游客源市场、品牌形象等的融合一体,将使文化旅游深度融合。一是市场融合,将文化消费客群和旅游市场客群统一整合为文化旅游市场,共同拓展居民和游客消费群体,使文化和旅游消费的深度融合。二是品牌融合,文化和旅游的融合使文化"IP"与旅游形象深度结合,例如"东方古都·长城故乡""读历史,游山西"等,使文化旅游品牌深度融合。旅游区也逐渐成为文化旅游基地、文化旅游融合发展示范区,文物资源富集地也将成为文物活化利用示范区。三是服务融合,协同推进公共文化服务和旅游公共服务、为居民和游客服务,发挥好综合效益,是深化文化和旅游融合发展的重要内容。四是交流融合,文化旅游融合促进交流互鉴,促进文化传播,促进沟通融合。推进文化商务、会议、展览等

"MICE"活动开展,强化文化交流融合,使文化旅游传播文化故事,传递文旅之声。

(五)融合结果:产业融合

文化产业与旅游产业的融合是文旅融合的结果。而文化旅游产业是文旅融合的产物。在文旅融合中,产业互促发展,融合转型。传统旅游逐渐向文化内涵更为丰富的深度休闲体验游转型,带动旅游向更高产品和服务质量提升,促进深度参与体验旅游目的地文化内涵的旅游方式走向大众,文化深度体验成为旅游产业发展在新时代的新亮点。同时,文化旅游融合新型业态将不断涌现,形成了各类文旅综合体、演艺主题公园等新型业态,激活了传统文化的生命力,加强了优秀文化的传播与弘扬。文旅融合还可能随着文化产业与旅游产业的整合,带动新兴文旅产业集群的出现。

第五节 文旅融合发展规划的性质与特征

一、文旅融合发展规划的性质

(一)国家规划体系中的专项规划

文旅融合规划属于国土空间规划体系中的专项规划,应与国土空间规划相互协同衔接。作为一类专项规划,文旅融合发展规划要在特定区域或范围体现文旅融合发展的特定功能,细化落实国家对文旅融合发展领域提出的战略要求,对文旅融合发展做出专门安排。文旅融合发展规划要落实上位相关规划,并与同级专项规划相互协同。

(二)基于三个核心视角的文旅融合发展规划性质

1. 旅游者的视角:文旅融合产品开发规划

从旅游者或者游客的视角看,文旅融合规划是通过规划设计的手段,推动旅游活动过程的文化融入与结合。这就要在开发打造中,丰富和强化文化旅游产品和文化旅游服务,提升旅游者文化旅游体验。要开发建设各类文化旅游活动,如文化体验、沉浸演艺、文博参观等文旅融合型产品内容。因为任何旅游规划管理都将最终为旅游者服务,所以旅游者视角的文旅融合规划应是任何文旅融合规划的内核与根本,任何文旅融合规划均应强化文旅融合产品的开发规划。

2. 旅游地的视角:文旅融合旅游地发展规划

从旅游地的视角看,文旅融合规划是推动旅游地文化和旅游的结合创新与文化旅游互动效应的供给升级,从而打造文旅融合旅游地。通过规划设计,促进旅游地挖掘利用文化资源,开发文化旅游产品,提升打造文化旅游目的地,创新发展成为文化旅游基地、文化旅游景区、文化旅游区等特色文化旅游地。从旅游地视角,文旅融合规划是基于建设文化旅游目的地目标的规划,重点是确立文化旅游目的地建设打造的发展框架和空间指引。

3. 文旅产业的视角:文旅融合产业发展规划

从文旅产业的视角看,文旅融合规划是要促进文化和旅游产业内各行业、各部门的融合互促发展。首先是促进旅游业的文化内涵融入,包括各类旅游行业、旅游要素、旅游业态等,通过文化元素融入,提升旅游产业吸引力。其次是文化事业和文化产业的旅游利用,包括公共文化服务体系的旅游开放利用、文化产业的旅游业延伸拓展,从而提升文化事业和文化产业的效益和品牌。

(三)文旅融合发展规划的层次与类型

在国家强化文旅融合发展战略支持背景下,从指导文旅融合发展规划引领出发,文旅融合发展规划应包括"五层三类"。按区域行政层次分为国家级、省(自治区、直辖市)级、地市(州)级、县级和乡镇级文旅融合发展规划。按对象和功能分为区域文旅融合发展规划、旅游景区文旅融合发展规划、文旅融合发展专类规划(如文旅融合项目策划/规划、文旅融合线路规划、文旅融合品牌形象规划、文旅融合投融资规划等为专门目的而编制的专类规划)。

二、文旅融合发展规划的目标与任务

(一)规划目标

文旅融合发展规划是未来文旅融合发展的纲领性、战略性文件。其目标从根本上是要能够引领未来文旅融合发展,指导区域或旅游地文化与旅游从深度和广度上的融合发展,从而促进区域和旅游地转型升级。而引领未来文旅融合发展,具体就是要实现"旅游为文化赋能,文化为旅游增效"的相辅相成、互促发展。

文化通常具有突出的公共性,产业特征不突出。而文旅融合规划中,旅游为文化赋能就是要使文化事业和文化产业相关资源,通过旅游高效利用起来。使原本仅属于市民的文化公共场馆、公共设施和公共资源,能够"居游共享"。而仅面向居民文化消费的文化产业,能够与旅游充分结合,促进文化产业的市场活力。目前旅游产业的文化内涵不高,而文旅融合规划中"文化为旅游增效"就是要使旅游产业丰富文化内涵。通过文化增强旅游的内容,为旅游注入生动的文化故事,增强旅游的文化性,丰富旅游的内涵,提升旅游的品位。

规划目标是战略导向,通过文旅融合互促发展,推动打造文旅目的地和提升文旅产业。规划的目标是要把准文化旅游融合发展的方向,提出文旅融合发展的总体思路与战略策略,统筹文化旅游融合发展的谋篇布局,找准文旅融合发展工作的切入点和突破口。

(二)主要任务

文旅融合的空间载体是旅游地,文旅融合规划的重要任务便是通过文旅融合发展,推动旅游地的提档升级。而文旅融合发展规划的结果和目的便是文旅产业的提质增效。在文旅融合发展的规划统领作用的基础上,旅游地提档升级在"块"上对文旅融合发展予以落实,文旅产业提质增效在"条"上对文旅融合发展予以呈现。

1. 旅游地的提档升级

文旅融合发展规划的一个主要任务便是推动旅游地的提档升级。目前多数旅游地旅游产品单一、文化内涵不足、效益不突出,文旅融合发展规划正是在新时期为破解以上问题、满足新形势下旅游地创新发展需要,而形成与发展起来的。文旅融合发展规划以文旅融合发展为手段,促进文化旅游产品升级、结构优化、效益提升,最后实现旅游地的提档升级。

2. 文旅产业的提质增效

文旅产业的提升发展既是文旅融合发展规划的重要任务,也是文旅融合发展的必然结果。文旅融合发展规划要通过文化与旅游的融合发展,推动文旅产业融合转型,催生更高品质的文旅产品、文旅服务,甚至带动文旅新型行业、新型业态不断涌现,整合文化和旅游产业链,促进价值链升级和流程再造,带动新型文旅产业集群的培育发展。

三、文旅融合发展规划特征

(一)围绕"文旅融合"主线

文旅融合发展规划应围绕"文旅融合"主线,重点进行"为什么融、融什么、在哪里融、怎么融"的研究与规划。在"文旅融合"主线引领下,文旅融合规划应识别文旅融合存在的问题与瓶颈,提出文旅融合发展的目标要求,规划文旅融合发展的重点任务,并强化文旅融合发展规划的保障措施。聚焦世界级文化旅游体验目的地定位和建设文旅强省目标,突出高质量发展、特色化发展,构建文旅融合的开放高效空间新格局,并提出海洋文化旅游、大运河文化旅游、黄河文化旅游、乡村文化旅游等文旅融合重点领域。

(二)突出地域文化旅游特色

文旅融合发展规划应以特色为根,促进旅游地和旅游产业转型升级。特色是旅游地发展的前提与根本,特色突出有利于增强文化旅游业、旅游地的吸引力和竞争力。应通过文化铸魂,强化文旅融合规划的主旨。重点是发掘地域文化特色,强化旅游特色优势。

(三)衔接国民经济和国土空间等规划

文旅融合发展规划作为专项规划,应与国民经济和社会发展规划、国土空间规划等强化衔接、协调,并与相关同级专项规划协同。国民经济和社会发展规划作为承接国家和区域大政方针的总纲,是文旅融合发展规划的上位规划。文旅融合发展规划应落实国民经济和社会发展总体定位和项目建设要求,而国土空间规划作为我国规划体系的基础,对文旅融合发展规划提出了空间开发保护的总体要求和空间基础。文旅融合发展规划应遵循国土空间规划的开发、保护和利用"一张图",落实国土空间规划的"三生空间"与"三线划定"要求,在国土空间规划要求下谋划文化旅游融合发展,真正践行"多规合一"。

(四)落实"提档升级、提质增效"任务

文旅融合发展规划应落到旅游地和文旅产业发展的载体上,落实旅游地的提档升级、文旅产业的提质增效重点任务。将文旅融合发展的规划内容,包括文旅产品、功能、业态、要素、市场、品牌、形象等,落实到旅游地和文旅产业发展上来。推动文化旅游的提档升级,实现文旅强省的产业目标,落实到重点规划任务是破解文旅融合"三化"瓶颈,实现文旅产业高质量发展。

(五)强化文旅工程、项目抓手

文旅融合发展规划是新形势下面向新发展需要而发展起来的规划类型,所以该类要求强化可操作性、可实施性,这就要求与政府的工程项目管理手段衔接,要求规划突出强化文旅工程、项目建设落地,以重点工程、项目为抓手。围绕文旅融合重点任务,提出打造一批文旅融合发展重点工程,培育一批引领性项目。对接国家重大发展战略,面向文化旅游消费市场,围绕文化旅游融合发展方向,加大资源整合力度,加快推进一批引擎带动区域文化旅游融合发展的重大工程项目,全面提升文化旅游发展的质量效益。

(六)落实体制机制与政策保障

当前文旅融合发展正逐步走向深入阶段,还有明显的体制机制问题需要破解,以及部分融合障碍需要克服。文旅融合发展规划应强化文化旅游融合发展的各方面体制机制与政策保障。人才与科技支撑、加强投融资机制建设及加强执法监管和督导考核等保障措施。

四、文旅融合发展规划的技术路径与内容要求

(一)技术路径

文旅融合发展规划应围绕文旅融合主线，落实国家政策要求，坚持高标准、宽视野、科学定位，突出文旅高质量、特色化发展，突出目标导向和问题导向，可借鉴国内案例，在区域文旅竞合分析的基础上，提出文旅融合发展的目标定位与策略。围绕旅游地提档升级和文旅产业提质增效的主要任务编制文旅融合规划内容。并最后提出文旅融合发展近期行动计划与保障措施。

(二)内容要求

由于文旅融合发展规划不同于相关规划的特征，使其规划内容不同于传统文化规划或旅游规划。文旅融合发展规划需要深入地分析、系统地整体谋划，并要求突出重点的发展领域及完善的配套和支撑。

1. 文旅融合发展背景与条件分析

基于文旅融合发展的背景与条件分析研究，为文旅融合发展的目标确立提供支撑，包括文旅融合发展现状分析、主要问题及其成因研判、文化旅游资源与环境梳理、文化旅游客源市场特征与趋势分析、文化旅游发展竞合分析、文旅融合相关案例借鉴分析等。

2. 文旅融合发展目标与策略

结合国家及省市各级相关文旅融合发展的文件要求，基于文旅融合发展的基础条件，提出文旅融合发展的目标与策略，包括文旅融合发展的指导思想与发展理念、发展定位与目标愿景、文旅融合发展的思路策略、文旅融合发展的模式机制等，以发挥文旅融合发展规划的战略引领作用。

3. 文旅产品开发与重大工程项目策划

以资源环境为基础，以目标战略为导向，确定特色文旅产品开发方向，开发系列文旅融合新业态，并围绕产品和业态主导方向创意策划打造

重大文化旅游工程与项目,构建文旅项目库,并可对主导文旅产品和重大文旅工程项目进行深化规划引导。

4. 文旅融合发展空间结构与布局

衔接国土空间规划等要求,从资源支撑与市场需求两个角度分析识别文旅融合发展重点空间,规划布局文化旅游空间总体结构,明确文化旅游发展的重点片区与构成,规划重点文化旅游功能区、文化旅游带、文化旅游节点、文化旅游线路等,并可对文旅重点空间进行深化布局。

5. 文旅融合发展品牌形象与市场营销规划

针对目标市场客群,制定具有强烈市场感召力的旅游形象口号和识别系统。进行特色文化旅游品牌包装与主题形象策划,并开展针对性的文化旅游市场营销,实施有效的市场开拓与营销策略。尤其是结合细分客源市场分析,制定精准营销策略。

6. 文旅融合发展支撑与配套体系规划

完善旅游集散中心、旅游客运服务等旅游交通服务体系,提升咨询中心、解说服务、标识、环卫等文化旅游公共服务支撑。优化文化旅游服务环境,打造优质餐饮、住宿、购物、文娱等产业要素体系,形成具有较强体验性的文化旅游要素产品。

7. 文化旅游资源保护与传承规划

结合国土空间规划的保护约束条件,强化文化旅游资源的保护与传承。对优秀传统文化、历史文化等资源进行保护传承,对各类文化遗产进行有效管控保护,强化非物质文化遗产的保护。建立文化旅游资源的保护管理体系,实现文化旅游的可持续发展。

8. 文旅融合发展近期行动与保障措施

规划布局近期发展重点内容,启动规划实施近期整合打造文化旅游项目,优化完善旅游接待与公共服务设施,实现近期发展目标。落实规划思路与总体布局,强化文化旅游规划的可操作性,实施有力的体制机制、平台、人才、政策等支撑与保障体系。

第三章 乡村旅游文化建设与发展研究

随着人们日益增长的精神文化需求,纯粹观光的旅游已经不能满足人们多元化的旅游需求。这就促使旅游向文化靠拢并与其融合,形成文化旅游。文化旅游涵盖了历史古迹、遗址、建筑、艺术、风俗等内容,是一个关联性高、涉及面广、辐射性强、带动性强的产业。打造该产业需要发现、评估、申报文化遗产,以便抓住文化旅游的"根"和"魂",并在此基础上策划文化旅游产品,发挥文化遗产的经济价值。

第一节 乡村旅游文化学理论

随着现代文明的发展,"文化"大概是现在使用频率最高的词汇之一。"文化"的泛化是一种趋势,说明国人的文明程度在不断提高。特别是旅游已经成为国民普遍需求的今天,"文化"作为旅游的灵魂就更加时时刻刻和人们的生活紧密相关了。文化日益成为人们衡量包括旅游活动在内的社会生活各个方面品位与修养的标尺。因此研究旅游必须研究旅游文化,规划旅游业的发展必须研究旅游文化创意。

一、文化的含义

概括来说,对文化的定义,可以分为宏观、中观和微观三个层次。从宏观的层次看,文化涵盖人类文明的所有成果,主要包括物质文化、精神文化、制度文化三个部分。这三个部分既各有其相对独立性,又彼此相互依存和相互制约,构成一个有机联系的文化整体。其中精神文化和制度文化共称为非物质文化,与物质文化相对应。从中观的层次看,文化就是人化。人文化主要指精神成果的创造性转化,是人类精神领域客观形态变化的反映,核心内容是作为人类精神产品的各种各样的创造性知识。从微观的层次看,文化主要是指学术思想与价值观念的对象化(内化和外化)。

人类所创造的文化分为物质文化和非物质文化两大类。非物质文化和创造文化的主体紧密相关,如山水文化、民族文化、民俗文化等;物质文化即人类所创造的客体对象,如世界文化遗产、历史文化遗址、历史文化名城、古镇、古村落等。

文化是人类在生存过程中不断改造自然而产生的,以人化为宗旨、以价值观念对象化为实质的人类文明进化过程。文化具有存在于人的一切活动中的特性,这种特性是能够影响、制约人的一切行为活动的深层次的东西。文化涵盖的范围非常广泛,包括人类社会进步、社会发展、文明进步等物质的、精神的因素,甚至个人的心理、思维、行为等也包含其中。一般而言,文化具有如下基本特性:文化是人类实践活动的对象化;文化是历史积淀下来的为群体所共同遵守或认可的共同行为模式;文化就是自然的人化。

文化是一种时间的"积累",它会在不断地发展中积淀成一种"集体人格",中华文化的最重要成果就是中国人的集体人格。当文化一一沉淀为集体人格时,它也就凝聚成了民族的灵魂。

二、旅游文化的含义

旅游既是一种文化现象,又是一种社会经济现象,是社会经济文化发展的必然产物。旅游实质上是一种文化交流的活动,旅游者是旅游的主体,其旅游的目的是体验不同的文化即旅游文化。旅游文化是旅游业发展的灵魂,是旅游业可持续发展的源泉。

人们可以借助旅游文化了解彼此的生活方式和思想,旅游文化涵盖了旅游的各个方面,它是在将游客吸引过来旅游的过程中,游客、旅游设施、旅游地接待团和政府部门之间的关系和相互影响的总和。

无论文字上如何定义旅游文化,人们的认知主要有以下几个方面:

第一,旅游文化作为一种一般文化的特殊表现形式,以一般文化的内在价值为基础,以旅游要素为依据。第二,旅游的本质是文化,旅游文化实质上是一种特殊的文化形式,它以旅游活动为核心,是旅游者展现和传播的各种文化形式的总和。第三,旅游文化在展现生活文化的同时也是一种消费性文化。第四,旅游文化一直在不断地创新、发展,呈现动态发展的状态。旅游文化的特点表现为民族性、移动传播性、区域性、传承性与创新性。

第二节 乡村民俗旅游文化

民俗就是民间的风俗,是创造于民间又传承于民间的具有世代相习的传承性事物和现象(包括思想和行为)。民俗是广大中下层劳动人民所创造的民间社会生活文化,是传统文化的基础和重要组成部分。乡村民俗文化涉及乡村的生产、生活、礼仪等多个方面,生动活泼,丰富多彩。在现代旅游活动中,只要旅游者离开居住地到异地时,就会感受到一种与自己惯常居住地不同的风土人情,如居所、饮食、音乐、舞蹈、服饰、礼仪等,给人一种完全不同的文化生态环境,即旅游目的地的民俗文化氛围。

一、民俗文化的内容

民俗是传统文化的基础和重要组成部分。民俗作为文化现象,其内容复杂,但在表现形态上可分为两种,即物质民俗和社会民俗。

(一)物质民俗

物质民俗主要包括服饰民俗、饮食民俗、居住民俗和生产民俗。服饰民俗是指人们有关衣服、鞋帽、佩戴和装饰等穿戴打扮方面所形成的习俗。饮食民俗包括居家饮食习俗、节日饮食习俗以及嗜食与禁忌。居住民俗是民俗中不可多得的景观,尤其以居住形式最为明显。如民居建筑有帐篷型、干栏型和上栋下宇型,形式多种多样,各具特色。生产民俗大体可分为狩猎生产、农耕生产、手工业及其他生产三类民俗,其中以乡村农耕文化最具地域特色。

(二)社会民俗

社会民俗主要包括岁时节令、生活礼仪和游艺竞技。岁时节令民俗,内容丰富,形式多样,最富有民族特色。按照活动内容的性质有纪念性节日、以农业生产为主体的各种行业的生产节日、社交性节日、综合性的节日等类型。生活礼仪民俗是各地区人们在长期生活经历中形成的一种相对稳定的习俗。游艺竞技是指民间世代相传的流行于民间的游戏、游艺、竞技、体育、工艺等方面的内容,如舞龙、舞狮、踩高跷、跑旱船、放爆竹、看花灯等。

二、乡村民俗旅游文化的主要特征

乡村民俗旅游文化主要有四大特征。

(一)历史性

乡村民俗旅游文化的历史性特征是在民俗发展的特定历史中形成的。

(二)地方性

乡村民俗旅游文化的地方性特征是在民俗的地域环境中形成并显示出来的,因主要变现在空间上,故也称为地理特征或乡土特征。

(三)传承性

乡村民俗旅游文化的传承性特征是民俗发展过程中显示出的,具有一定运动规律性的特征。它会随着文化的充分发展被不断继承发展,也会随着文化发展的停滞而休眠。总体而言,城镇习俗的继承发展较为明显,偏僻村寨习俗的因循守旧异常突出,这也使得传统节日在村寨习俗中更具有古朴色彩。

(四)变异性

变异性是在与传承性密切相联系、相适应的民俗发展过程中显示出来的。民俗会随着历史的变迁、不断地传播,而在内容或形式上发生一些大大小小的变化,因而只有在继承中不断地更新才能更好地促进人类社会的进步。

三、乡村旅游吸引力中的传统文化

传统文化既是乡村旅游者所向往、享用和追求的对象,也是乡村旅游经营管理者所提供的"商品",它维系着乡村旅游活动与人之间的关系,是在经济利益上对立的乡村旅游者和乡村旅游经营管理者的共同旨归。从这个意义上说,传统文化处于旅游者和旅游业双边关系的核心地位。

游客对乡村抱有很大的兴趣,可以从多种角度进行解释:游客在乡村旅游可以与传统和自然保持近距离的"亲密接触",享受宁静祥和的氛围,体验和体会"怀旧"的感觉。乡村旅游与其说是在"乡村空间"里旅行,还不如说是在"乡村概念"中的旅行。乡村的核心吸引力即"乡村魅力",对于都市人群来说,或许并不是换一个地方,而是换一种体验价值。

那么什么样的乡村才会对旅游者产生核心吸引力呢?首先要有"真实性",同时要满足好玩和放松等因素。满足上述条件的乡村大致是以下三种情形:一是风景优美,保持完好的自然生态,村庄与自然和谐统一,游客置身于其中会产生心旷神怡的感受,达到休闲、身心放松和娱乐的目的。二是别致的风俗,保持完好的农村传统习俗。有较为独特的地方文化遗产等,使游客感受到浓郁的、独特的传统风貌。

第三节 乡村聚落旅游文化

在工业引领的城市化运动之前,世界各地传统的居住聚落形态非常丰富。这些聚落大都"未经过建筑学或其他专业工程技术人员设计"或"未以现代工业化方式建造而成",因而此类聚落空间通常称为乡土聚落。从广义的角度来看,乡土建造和聚落建造的相关知识和技能是人类社会诞生之时就存在的,历史上绝大多数人居环境的形成与专业建筑师并无关联,而是由当地居民以各种"乡土"的方式自行创造的。时至今日,各种资料仍表明世界上大多数人依然居住在各类乡土聚落中。

一、乡村聚落文化的特点

乡村聚落是乡村特性最显著的体现,是传统乡村文化的核心组成,在乡村旅游中具有特殊的审美价值。乡村聚落文化的特点主要体现在以下几个方面:

(一)注重地理位置,追求人与自然的和谐

我国国土面积大,南北、东西跨度大,自然地理环境复杂,地带性差异明显,人地关系复杂,地域文化丰富多样。不同的地理环境形成各具特色的区域聚落。它们之间的差别不单单是因为自然地理要素的差异所致,同时也是地域文化影响的结果。

(二)类型丰富多样,富有民族文化特色

文化是乡村聚落景观体系中的灵魂思想,是乡村旅游特色产品创造的源泉。它以有形或无形的方式融入乡村聚落、经济、社会等各个部分,形成特有的文化地域,其旅游审美价值体现在聚落建筑文化、聚落农耕文化、聚落民俗文化三个方面。

二、传统乡村聚落的基本类型

传统乡村聚落传承着历史文化,沿袭着民间习俗,蕴藏着深厚悠远的民族文化和精美绝伦的艺术珍宝。按照文化背景和历史区域,传统乡村聚落大体可分为以下几个方面:

(一)富贵大气的北方大院

其特色是气势威严,高大华贵,粗犷中不失细腻,代表着典型的北方院落建筑群体。

(二)古村落

传统村落文化资源丰富,是乡村旅游的理想福地。随着中国传统村落保护工程的深入,乡村旅游作为传统村落保护的重要路径得到重视和推广。

(三)历史古镇

古镇是传统民俗文化的集中体现地,大多数古镇只是行政建制镇的一个街区或者社区,古镇旅游从根本上讲还是乡村旅游,是乡村旅游者传统的文化归宿地。

另外还有小巧精致的江南水乡古镇,这些地方的建筑风格典雅灵秀,朴素恬淡,崇尚借景为虚、造景为实的建筑风格,强调空间的开敞明晰和充实的文化气氛,在布局装饰上极为讲究,道路、书院、牌坊、祠堂、楼阁等规模不大但布局得当,力求完善的环境和优美的境界。

(四)特色小镇

特色小镇是乡村旅游新的载体,其特色体现在产业上,也体现在文化上。

第一,文化特色小镇往往选择历史古镇作为基础,推动了文化旅游的转型升级。在历史古镇基础上建设的特色小镇,产生了文化旅游与乡村旅游的叠加效应。

第二,康养特色小镇十分重视生态文化的打造,强调自然与精神的归宿。

第三,城郊休闲型特色小镇是乡村旅游规模发展的产物,乡村休闲文化得到生动诠释。通过深挖水乡文化、农耕文化、民俗文化,改造惠里、水乡街、码头岁月等特色街区,高效融合休闲农业与乡村旅游,打造水乡休闲型特色小镇。特色小镇的类型还有很多,无论是哪一种形态的特色小镇,乡村旅游都发挥了重要的作用。

目前在我国 A 级旅游景区中,发展相对成熟的景区型小镇大多以门票作为其主要的经济来源,以休闲、度假、商业运营来支撑景区发展。

三、传统乡村聚落文化的旅游鉴赏

传统乡村聚落经过时间的积淀,蕴含着深刻的文化内涵,如"天人合一"的观念、山水田园的意境、传统民俗的乡情等,无一不散发着传统乡村聚落特有的味道。

传统乡村聚落文化的旅游鉴赏方法如下：

第一，从整体着眼，注意景观与周围环境的和谐与统一。

第二，小中见大，平淡中见神奇，体会蕴含其中的丰富历史内涵和民族文化意蕴。

第三，挑选最佳时间，例如，最能体现其风味的雨季、黄昏，以期得到最佳的审美效应。

第四节 休闲观光农业旅游文化

休闲观光是以农业活动为基础，农业和旅游业相结合的一种高质量的交叉型产业，它是以农业生产为依托，与现代旅游业相结合的一种高效农业。

一、观光农业的分类

由于自然资源、农业资源和经济状况的差异，观光农业在不同区域呈现不同的类型。由于观光农业是把观光旅游与农业结合在一起的一种旅游活动，它的形式和类型就更为多样。从不同的角度可分为不同的种类。按功能可以划分为以下几类：

(一)观光农业园

观光农业园主要是指在城市近郊或风景区附近开辟特色果园、菜园、花圃等，让游客入内摘果、拔菜、赏花、采茶，享受田园乐趣，这是国内外观光农业最普遍的一种形式。

(二)农业公园

农业公园是按照公园的经营思路，把农业生产场所、农产品消费场所和休闲旅游场所结合为一体的旅游产品。综合性的农业公园包括服务区、景观区、草原区、森林区、水果区、花卉区及活动区等。

(三)科普农园

科普农园是利用农园所栽种的作物、饲养的动物及配备的设施，如农耕设施、传统农具等。

二、城乡融合战略视野下乡村养生度假型旅游的发展取向与实现路径

近年来,我国乡村旅游发展取得了显著成绩,乡村旅游内容不断丰富,发展模式不断创新,作为一种新的产业形式,突破了传统产业的发展思路,为农村经济发展带来收益的同时也促进了城乡居民之间的交流与互动,推动了城乡的统筹与融合。养生度假型旅游作为一种新的旅游形式越来越受到城市居民的欢迎,在紧张的城市生活节奏与压力下,人们的健康和养生意识不断增强,乡村养生度假成为其休闲的重要形式之一。

(一)城乡融合战略视野下乡村养生度假型旅游的发展现状

乡村旅游对城乡融合发展具有促进作用。当前旅游产业已经发展成为朝阳产业,特别是在农村地区,乡村旅游已经成为农村地区经济发展的重要支柱产业之一,其价值和作用主要体现在以下几个方面:一是增加了群众收入;二是能够解决农村剩余劳动力;三是能够促进第一、二、三产业的融合发展;四是能够有效促进农村地区基础设施建设;五是能够推动城乡统筹发展。可以说,乡村旅游是各种生产要素的综合组成,是土地、资金和人口等综合要素的结果,特别是在城乡融合背景下,通过发展乡村旅游能够让农村经济得到快速发展,推动农业转型升级,进一步缩小城乡差距。简言之,在城乡融合战略下,发展乡村旅游是推动城乡融合发展的重要途径。

(二)城乡融合战略视野下乡村养生度假型旅游的发展思路与发展趋向

1.乡村度假型旅游的发展思路

城乡融合是指包括资金、技术、资源、人力资源等在内的所有要素融合,乡村养生度假型旅游开发应该将城乡融合作为前提基础,将乡村养生度假型旅游产业链上的各个利益主体都纳入乡村养生度假型发展体系之中,实现城乡之间资源合理流动,实现城乡之间资源科学配置。乡村养生

度假型旅游发展需要按照城乡融合发展思路,推动旅游产业各个生产要素的有效融合。具体来说,应考虑如下几点:

(1)坚持乡村养生度假型旅游统筹规划原则

在城乡融合战略视野下,乡村养生度假型旅游要想获得可持续发展,就需要将乡村养生度假型旅游开发纳入整个城市旅游产业发展规划之中,通过整体规划,实现资金、技术和人才的有序流动。

(2)通过城乡融合推动乡村养生度假型旅游发展

当前,城乡融合发展已经成为推动经济社会发展的重要途径,并为乡村养生度假型旅游带来了新的发展契机。因此,乡村养生度假型旅游应该结合本地区旅游资源优势,加强品牌建设和营销策略,通过乡村养生度假型旅游发展,推动农村地区第一、二、三产业的融合发展。

2.乡村养生度假型旅游的发展趋向

(1)以城市居民养生需求为根本取向

在旅游产业发展中供需关系成为构成旅游产业发展的根本结构,农村养生度假型旅游作为旅游产业重要的组成部分,要想实现可持续发展就需要不断满足旅游者不断变化的旅游需求。我国旅游产业发展仍然离不开政府的关键性引导,特别是在政策法规和制度机制层面,为农村地区养生度假型旅游发展提供政策保障和方向引领。乡村度假型旅游是城乡一体化发展和现代科技发展的融合产物,是旅游市场不断变化的旅游需求产物,随着城乡一体化发展和旅游需求的不断变化,乡村养生度假型旅游发展取向也应该适时调整。

(2)以养生理念和养生服务为核心取向

文化是国家和民族的灵魂,同时文化也是旅游的灵魂和发展动力。中国地大物博,孕育出了五千年灿烂的中华民族文化,其中长寿文化正是中华民族灿烂文化的重要组成,养生最早源于道家《庄子》,从人体生命过程的规律出发,通过外部资源和环境以及内心养护活动来升华生命。养生既包含对身体机能的训练和维护,也包含精神层面的素质提升。旅游作为重要的养生方式,一方面人们可以通过旅游更加全身心地接触自然、了解自然、感悟自然,从中获得更加健康的生活方式,不仅提升了人们的身心素质,还满足了人们学习知识的欲望。另一方面,当前人们的物质生活得到了极大的满足,人们希望通过旅游方式来获得快乐和健康,从而达到养生的目的。从整体来看,养生度假型旅游就是以满足个人身心健康需求而进行的一系列旅游相关活动,是传统养生与现代度假休闲旅游的完美结合。乡村养生度假型旅游要始终围绕"养生"这一核心目标,并将"养生"与"旅游"有机结合,在满足游客养生需求的同时,也能够满足游客娱乐休闲等需求。

当前我国城市化水平不断地提高,与此同时,也给人们生活带来了巨大的压力,城市居民的亚健康问题越来越严重,为此,人们积极寻找减压、休闲、长寿的活动,乡村养生度假旅游的优势就显现出来了。随着城乡融合的进一步发展和乡村振兴战略的提出,乡村旅游发展前景十分广阔,而要实现乡村养生度假型旅游的健康持续发展,则要树立正确的发展取向,挖掘整合养生度假旅游资源,培育新的乡村旅游业态。

(三)基于城乡融合战略发展乡村养生度假型旅游的实现路径

乡村养生度假型旅游的发展既要从整体上进行规划设计,促进城乡融合,又要结合各地区的具体实际形成自己的个性和特色。乡村养生度假型旅游的发展要始终坚持促进城乡融合、产业融合、文化融合的基本取向,为实现这一目标,则离不开政策的支持、企业的参与和城乡居民的共同努力。

1. 发挥当地政府的指导作用,推动产业融合

(1)大力发展乡村养生度假型旅游产业

农村经济建设与产业发展离不开国家政策的支持和引导,当前我国乡村养生度假型旅游发展还有待提升,因而更加需要政府的整体规划和布局,同时也需要政府提供政策和资金的引导和扶持。政府需要从宏观方面制定一系列相关扶持政策,地方政府则需要结合各地的实际,开发当地特色养生旅游资源,同时对于各地区乡村养生旅游发展中遇到的困难进行指导,以确保养生旅游项目的科学开发和有序管理。政府在进行指

导和规划的同时,也要结合市场发展的需要,结合群众的需求进行开发。

(2)完善公共配套设施,实现产业融合

旅游产业具有较强的综合性,需要满足游客的休闲、娱乐、餐饮、住宿等多方面需求,养生旅游爱好者主要追求的是养生,因而在相关配套设施的建设上要更加完备,以便给游客以舒适、安逸的感觉。具体来说,在打造乡村养生度假型旅游产品时,要将养生资源与乡村旅游密切融合,增加投资,可考虑建设养生主题酒店、疗养中心、温泉会所等基础设施,既体现养生旅游的高档性,又能够体现乡村养生度假旅的特色。此外,还可以结合当前的智慧旅游、生态旅游的基本思路,为游客提供更为便利、舒适的旅游体验。

在城乡融合视野下,乡村养生旅游产业发展具有显著的外部效应,因而,政府制定政策时要充分考虑城乡的融合发展和持续发展。在城乡融合发展视野下,在追求乡村养生旅游发展带来的好处的同时,也要重视其可能带来的生态、社会、文化等方面的破坏和影响,在城乡统筹的视阈下去规划和发展。换句话说,城乡融合不应仅仅考虑乡村地区的发展或是仅仅考虑城市地区的发展,也不仅仅是城市与乡村的融合,而是要融合社会学、生态学等要素来形成乡村养生旅游的围城,将外部评价与内部发展有机结合。

2.发挥养生文化资源的核心作用,增强互动交流

(1)在乡村养生度假型旅游中融入创新元素

乡村养生旅游应以特色化和品牌化为发展目标,在美丽乡村的引导下,形成特色养生旅游品牌。基于此,各地区首先要对当地的养生旅游资源进行充分挖掘,养生资源是十分丰富的,包含自然资源、文化资源等多方面。各地区可因地制宜开发特色养生旅游产品,以养生为主题,同时将我国传统的养生文化融入其中,开发集娱乐、养生、休闲、民俗、鉴赏等为一体的养生旅游产品和服务。

(2)在乡村养生型度假旅游中融入文化元素

乡村旅游的健康持续发展离不开特色文化的支撑。同时,在开发养生旅游度假村时要以保护为前提,尤其是对一些古村落,要保留其原有的意蕴和文化价值。在城乡融合视野下,要实现城乡双赢的发展目标,前提是要对古村落进行保护,因而,乡村养生度假型旅游发展亦是如此,要在特色文化的基础上进行建设。

(3)结合养生旅游市场需求发展乡村旅游

乡村旅游的开发与管理还要结合当前的科技成果,运用现代化信息技术手段形成具有现代化气息的旅游氛围,乡村养生旅游的发展在保留原汁原味特色的同时,还要追求新、奇、特等元素,以满足旅游者的猎奇心理。

综上所述,乡村旅游为乡村振兴带来了新的发展机遇,养生度假型旅游既符合城市人群的健康生活需要,又有利于农村地区养生资源的开发和利用,因而政府应大力支持乡村养生度假型旅游的持续发展,合理利用广大农村地区的特色,发扬养生文化,为城乡融合搭建桥梁。

三、乡村旅游可持续发展路径探索

旅游作为农村产业结构调整的加速器,不断地引导农民向第二、三产业转移。推行农旅业一体化发展,使旅游为农产品带来销路并提升农产品价值,农业(文化景观)为旅游提供旅游吸引物,以游养农,以农促游。坚持可持续产业化方式,大力发展绿色循环农业,开发绿色旅游产品。

乡村旅游发展的另外一种模式是企业主导模式,这里主要是指外来投资企业主导开发模式。乡村旅游是以良好的生态环境为基础的,开发中应当走生态效益型道路,保护农村生态环境。要充分考虑资源、环境的承载能力,合理开发和利用,尽量做到保护和开发并重。还要加强自然村、农居、房前屋后的绿化和美化工作,加强卫生和保洁工作,加大对已经遭到破坏的自然环境的恢复和清理力度,努力营造优美的自然景色和田园风光。

第四章 乡村旅游基础设施建设

第一节 公共基础设施建设

一、乡村旅游公路建设

乡村旅游公路是指经过拥有旅游景点的城镇、乡村或者直接通达旅游景点的,能够满足游客的审美要求并为其提供符合生理、心理需求的服务设施及要求,且整体安全、环保、美观、管理有序的公路。"要想富,先修路",乡村旅游发展也是如此。在自驾车乡村游呈现井喷式发展的今天,通过旅游公路网规划将公路资源与公路沿线(即城郊与乡村地区)的各类旅游资源高度整合已成为当前乡村旅游交通发展的主题。

(一)注重景观性

旅游公路除了提供必要的交通功能以外,更多的是将旅游公路本身作为区域景观资源的重要组成部分。良好的旅游公路作为旅游景观的一个重要组成部分融入了整个旅游景区系统,成为构筑当地历史文化氛围的桥梁和展示当地文脉的风景线。旅游公路单独成为一道风景,体现出"旅游公路"的"公路旅游"价值性,拥有道路本身的视觉、自然、历史、娱乐、文化等特色价值。乡村旅游公路两侧应该利用乔木、灌木、花草等进行绿化美化,形成富有层次、随季节变换的景观廊道。在保证主干道畅通、安全的前提下,可因地制宜地采用多圆卵形曲线和随弯就势的连续 S 形曲线,改善线路的连续性、流畅性及公路路容景观的协调性,充分利用弯道、坡道,营造出一种"曲径通幽""柳暗花明"的效果。村庄内部道路应顺应地形,做到不推山、不填塘、不砍树,以现有道路为基础,顺应现有村庄格局和建筑肌理,延续村庄乡土气息,传承传统文化脉络。

(二)注重网络性

在一定区域内,旅游公路要成为环线,形成网络,合理连接区域内重要的乡村旅游点。要建设以旅游服务为主的干线公路(城市枢纽—景区旅游公路)和依托于干线公路的其他旅游公路(景区—景区旅游公路和景区内部旅游公路)。合理的旅游公路网一般应具备以下几个条件:①具有必要的旅游资源通达深度和里程长度;②具有特定的旅游价值;③要有与旅游资源和旅游交通相适应的道路技术标准和内在品质;④具有经济合理的平面网络。

(三)注重生态性

一般来说,乡村地区的自然生态环境均处于一个较好的水平,在乡村旅游公路网规划修建的过程中,环境问题一旦把握不好,势必会对乡村环境造成一定的影响,极有可能破坏乡村旅游的可持续发展。因此,乡村旅游公路要与周边环境协调,绿化方案根据公路所在的不同生态区进行分段设计,要最大限度地减少边坡的开挖和保护原有植被,路线布设上尽量使路基不伤及原有边坡,对开挖的边坡要采取铺挂植被网和铁丝网进行生态防护或栽种乔木进行掩饰。

(四)注重舒适性

在乡村旅游公路规划建设中,要尽可能改善路线平纵线形,使道路线形连续、流畅,要提高路面等级和平整度,减少车辆颠簸。同时,要提高旅游服务水平,在道路系统中设置与旅游功能相匹配的设施,如每隔一段距离修建停车休息区、观景平台等。

(五)注重指示性

自驾车已经成为乡村旅游的主要出行模式,因此乡村旅游公路的建设一定要注重指示系统的构建。原则上讲,旅游标识设置的地点一般在公路出口前方的适当位置,每个出口处设置一套旅游标识,内容不超过2~3个景点,文字必须中英文对照,但不得影响其他公路指路标识的效果。在设置安排上,先重点后一般,其中国家级风景旅游景点可设置在高速公路上,省级重点旅游景点设置在国、省道上,并严格控制,防止过多、过滥。县、乡道路可以适当多设置指示标志,包括区域内所有的乡村旅游点,并且应该采用突出区域特色的个性化设计方案。

二、道路设施建设

道路设施包括道路绿化、道路排水、停车等。一般情况下,村庄主、次道路绿化是在道路两侧种植1~2排乔木,树下不做维护,自然生长的野草更富有趣味;也可在乔木之间种植常绿小乔木、灌木和地被植物,以减少土壤裸露和道路污染,提高防护功能,加强绿化效果。道路两侧绿化布置以简单、实用、大方为主,也可在不妨碍通行的地方种植绿叶阔叶树种,起到为村民提供遮阴、纳凉和交往空间的作用。宅前道两侧可考虑统一树种,统一各家门前植树位置,形成一街一树、一街一景的特色。对于道路一侧的开阔地带,可种植一些枝下高度较高的观赏大树,布置少量座椅,形成村民纳凉、聊天的场所。对于村民宅前屋后的空间,在统一绿化的同时添加村民自主种植的蔬菜,突出乡土特色。

当道路周边有水体时,应引导地块排水就近排入附近水体;道路周边无水体时,根据实际需要布置道路排水设施。一般情况下,道路紧邻建筑时,路面应适当低于周边地块,利于周边地块雨水排放。道路两侧为农田、菜地时,路面宜高于周边地块,有利于将道路积水排至农田、菜地。村庄停车有集中停车和路边停靠两种方式。集中停车可结合村庄入口或主要道路,设置机动车集中停放场地,减少机动车辆进入村庄内部对村民生活的干扰;发展乡村旅游的村庄,应根据旅游线路设置旅游车辆集中停放场地。路边停靠一般沿村庄道路,在不影响道路通行的情况下,选择合适的位置设置路边停车位。

三、民居立面改造

村落景观是乡村旅游资源的有机组成部分,构成了乡村旅游区的重要特色。新农村建设为农村民居的改建提供了良好的契机,乡村旅游的大发展又为农村民居的改建提供了方向。新农村住宅社区的造型设计和风格取向,应与当地自然、天际轮廓线及周围环境的景色相协调,还要体现当地历史、文化、心理与社会生活等地域文化和文脉,以传统文化要素为切入点来探求农村民居立面改造手法,把村庄当作景点来改造提升。

(一)确立整体风貌

根据本地区的历史文化传统,或者乡村旅游发展规划中希望打造的总体目标确立整个村庄的建筑风格。在开展乡村旅游的村庄,不同类型的农家乐可以采用不同类型的建筑和装修,根据开展的活动和服务增加相应的设施,但总体来说要保持乡土特色,体现出爱乡、爱土的责任感和使命感。同时注意建筑布局的科学合理性,建筑风格、活动区域的地面处理、墙面处理以及建筑外观等都应该与乡村环境相协调。

(二)保留传统符号

立面改造中,要提取传统建筑符号(如坡屋顶、马头墙、穿斗栱等),组织建筑元素,符合整体建筑风貌形式特色要求,结合环境特征,形成具有地方特点的新农村民居。

(三)注意细节处理

要使住宅的立面造型具有独特风格,就必须在立面造型元素及细部处理这些方面多下功夫,充分利用屋顶形式、底层、顶层、尽端转角、楼梯间、阳台露台、外廊和出入口以及门窗洞口等特殊部位的特点,对建筑造型的组成元素进行精心组织,在经济、实用的原则下,丰富新农村社区住宅的立面造型。

(四)注重社区参与

民居改建涉及村民自身利益,一定要充分尊重当地村民的意愿,根据当地村民发展乡村旅游的需求进行设计、施工。

四、文化墙建设

文化墙是农村精神文明建设的重要载体和阵地,在乡村旅游发展中,也应该成为传播乡风文明、传递历史文化的风景。文化墙上的语言应该亲切自然,避免喊口号;文化墙上的内容应该突出本地的历史文化,反映乡村民俗;在表现手法上,可以利用当地的农民画,也可以采用浮雕、砖雕、彩绘等形式。

五、给排水设施建设

水在村庄宜居要素中扮演着重要的角色。古代先贤在村庄给排水设施方面有着丰富的经验。纵观我国诸多古村落,不难看出它们在水利用方面都有相似之处,体现在亲水的规划选址原则、便利的水利设施、完备的雨水系统和实用的生活给排水设施等方面。在乡村旅游开发中,给排水设施建设应当遵循以下原则。

(一)优先实施区域供水

区域供水是指水源相对集中、供水范围覆盖多个区域、管网连成一片的供水系统。城乡统筹区域供水可合理利用水资源,能有效保障农村供水水质、水量,是统筹城乡建设的重要基础性工作之一。靠近城镇和区域供水管网的村庄要优先选择区域供水管网延伸供水,加快推进供水管网进村、入户。在测算用水量时,应当考虑旅游接待旺季时的需求。

(二)保障饮用水安全

距离城镇较远或无条件时,应建设给水工程,联村、联片供水或单村供水;无条件建设集中式给水工程的村庄,可选择单户或联户分散式给水方式,采用手动泵或小型水泵供水,水源井周围应保持环境卫生,并有排水设施。生活饮用水必须经过消毒处理,凡与生活饮用水接触的材料、设备和化学药剂等应符合国家现行有关生活饮用水卫生安全规定。水厂周边建筑物和构筑物 30 米范围内应无厕所、化粪池和畜禽养殖场,且不得堆放垃圾、粪便、废渣和铺设污水管道。供水管材应选用 PE 等新型塑料管或球墨铸铁管,使用年限较长、陈旧失修或漏水严重的管道应及时更换。原水含铁、锰、氟、砷和含盐量以及藻类、氨氮、有机物超标的,应相应采取特殊处理工艺。

(三)排水沟渠雨水收集

排水建设可根据实际采用沟渠、管道收集或就地自然排放,可与道路边沟结合,应充分利用地形以自流方式及时就近排入池塘、河流等水体。选择沟渠排放雨水时,断面一般采用梯形或矩形,可选用混凝土或砖石、条(块)石、鹅卵石等材料砌筑。采用管道收集雨水时,管材可采用混凝土管、硬聚氯乙烯塑料管、高密度聚乙烯塑料管等,管径一般为直径300～400毫米,每隔20～30米设置雨水检查井。排水沟渠应加强日常清理维护,防止生活垃圾、淤泥淤积堵塞,保证排水畅通,也可结合排水沟渠砌筑形式进行沿沟绿化。

(四)污水处理

乡村旅游的发展为农村带来了大量的人流,也带来了污水和垃圾。城镇周边和邻近城镇污水管网的村庄,应优先选择接入城镇污水收集处理系统统一处置;村民居住相对集中的规划布点村庄,应选择建设小型污水处理设施相对集中处理;地形地貌复杂、居住分散、污水不易集中收集的村庄,可采用相对分散的方式处理生活污水。村庄小型污水处理设施的处理工艺应经济有效、简便易行、资源节约、工艺可靠。一般宜采用"生物—生态"组合模式,推荐选用"厌氧池—自流充氧接触氧化渠—人工湿地""厌氧池—脉冲生物滤池—人工湿地""厌氧池—风帽滤池—人工湿地"等工艺;有条件的村庄也可选用"水解酸化—好氧生物处理"等处理效率较高、运行费用较高的传统生化处理工艺;位于环境敏感区域并对排放水质要求高的村庄,可选用膜生物反应器等工艺。

六、垃圾收运设施建设

大量游客的涌入使农村的自然环境受到一定程度影响,在一些客流较大的乡村旅游景区,游客带来了大量的垃圾给当地环境保护带来了压力。乡村旅游发展地区应该率先建立完善"户分类、组保洁、村收集、镇转运、县处理"的城乡统筹生活垃圾收运处置体系,积极推动村庄生活垃圾分类收集、源头减量、资源利用。垃圾收运设施建设包括配置收集设施、建立保洁机制和引导分类利用三部分内容。

第二节　乡村旅游土地利用

一、乡村旅游与土地利用的关系

乡村旅游资源实际上是乡村土地利用的结果,乡村旅游发展如果离开了乡村土地利用,乡村景观和乡土文化也就不复存在。另外,乡村土地利用的主体是农民,他们祖祖辈辈在土地上耕作生息,既是乡土文化的创造者,又是乡村民俗文化的传承者,这种文化的形成与传承实际上也是通过土地利用而沿袭下来的。乡村旅游如果离开了乡村土地的利用,就会失去发展的基础。

乡村旅游要求乡村土地实现产业化规模经营,更加突出农业产品的特色和优势,从而使农产品的价值增值。乡村旅游促使乡村土地利用进行结构调整,转移农业剩余劳动力,从事旅游餐饮服务,改善农村社区环境,实现土地利用的经济效益、社会效益和生态效益。

二、乡村旅游用地的特点

乡村旅游与乡村土地利用的关系,也使乡村旅游土地利用不同于其他类型的旅游土地利用,它具有以下特点。

(一)以农用地类型为主的用地结构

乡村旅游土地利用不同于风景区旅游用地。风景区土地利用类型主要以生态型用地为主,乡村旅游土地利用则以农业用地类型为主,如耕地、园地、林地等。正是这种用地结构格局,才称得上乡村景观风貌。

(二)用地的复杂性

乡村旅游用地从用地类型来看,不仅有农业用地类型,包括耕地、林地、园地、水田、坑塘水面、农村宅基地等类型,而且有与旅游服务相配套的基础设施的用地类型,如道路、停车场、接待中心等,这些用地类型之间构成一个统一的整体。这就需要人们在乡村土地利用中考虑各种用地类型之间功能的协调,既要实现土地生产农产品的功能,又要实现观光、休闲、体验等旅游功能,因此,在用地上体现出复杂性。

(三)多效益性

一般的乡村用地在用地效益上主要表现为农业经济效益,而作为乡村旅游的土地利用除了农业生产的直接经济效益外,其效益上的最大特点是突出农业土地利用的间接效益,将农业用地的耕作方式、生产周期的景观变化、生态功能、农家习俗、文化理念,甚至农村地区的构筑物和环境总和都作为旅游产品,增加了农业土地利用的收入渠道。同时,乡村旅游能够加强对乡村景观环境的保护,增加绿化面积,减少水土流失,保护生物多样性,增加农业景观斑块,提高自然环境的美学价值和舒适性,延缓生态环境影响向负面发展,对乡村基础设施建设、现代环境和生态理念的普及、城乡文化交流、解决农村劳动力就业等具有显著的正效应。因此,乡村旅游土地利用的效益不仅表现为经济效益,也还表现为社会效益和生态效益。

三、乡村旅游产业化发展中土地流转的模式选择

(一)土地互换或置换式

乡村旅游开发模式土地互换式是农村集体经济组织内部的农户为方便耕种和各自需要,通过集体出面协商或农户自愿协商的办法,将农户经营的地块相互交换经营权,此种形式多出现在农业生产基地,是实现土地集中连片最为原始的方式。土地置换是指在占补平衡的原则下,发包方(即农村集体)以置换的方式,将农民部分或全部承包地块相互调换经营,以重新配置面积相当的耕地或宅基地。土地被互换或置换后,可以使农民的居住环境与配套设施得到改观,集中起来的农民以聚居村落开展旅游接待,发展餐饮、娱乐以及旅游商店等,使乡村旅游得到规模化发展。整合、优化土地的潜力,为农业规模化、产业化、集约化和机械化经营提供了坚实的基础,有效地破解了加快推进现代农业发展的"瓶颈",为特色乡

村旅游产业化发展奠定了基础。

(二)土地租赁式

乡村旅游开发模式土地租赁主要包括出租或反租倒包两种形式。出租是指土地承包经营权人将自己承包期内的土地在一定期限内部分或全部租赁给本村或外村种植大户或龙头企业等从事生产经营,业主一次性或分期付给农户一定租金。反租倒包是指以乡村组织的名义,将土地承包经营权人承包期内的部分或全部土地以一定的租金、期限统一承租,进行整合、规划,经调整、改造、建设配套,再反包给本村或村外个体、经营大户发展农业或参与乡村旅游经营。

(三)土地股份合作制乡村旅游开发模式

土地股份合作制模式是指在乡村旅游开发中,农民以承包的土地入股为核心,参与乡村旅游开发及多种形式的旅游服务。这种模式是当今市场经济条件下土地有效流转和规模经营的重要方式方法,市场化程度较高。在利益分配方面,遵循"风险共担、利益共享、多投入多得"的原则,实行按股分红、按劳分配、按投入生产要素(包括土地、资金、劳动力等方式)分配相结合的方式分享乡村旅游开发的成果,如景区门票的分红等。最终使农民与经营者形成"利益共同体",形成旅游开发与农民致富和谐共生的景象。

第三节　乡村接待服务设施建设

乡村接待服务设施建设是指在乡村地区建设和完善旅游接待和服务设施,以提供优质的接待和服务体验,促进乡村旅游的发展和乡村经济的增长。乡村接待服务设施建设具体包括以下几个方面:

一、接待中心

接待中心是一种专门为游客提供咨询、导览和服务的场所。在旅游目的地或旅游景区中,接待中心通常是游客的第一站,也是游客获取信息、购票、安排行程和接受服务的重要场所。

接待中心的主要功能包括：

①信息咨询：提供游客所需的各类旅游信息，包括景点介绍、交通指引、旅游线路、景点票务等，帮助游客了解目的地并做出合理的旅行安排。

②导览服务：提供专业的导游或讲解员，为游客提供导览服务，引导游客参观景点、讲解历史文化背景、介绍景点特色等，提升游客的旅游体验。

③服务指导：为游客提供服务指导，包括如何购票、如何参观景点、如何使用设施等，解答游客的问题和需求，确保游客能够顺利、便捷地享受旅游服务。

④接待安排：协助游客进行接待安排，包括酒店预订、用餐安排、交通接送等，提供个性化的接待服务，满足游客的需求和要求。

⑤旅游商品销售：提供旅游相关的商品销售，如纪念品、地方特产等，让游客可以购买到符合他们需求的纪念品或特色商品。

接待中心通常设有接待柜台、信息展示区、导览服务区、休息区等功能区域，提供舒适的环境和便捷的服务设施，以满足游客的需求并提升旅游体验。接待中心也是旅游目的地或景区的门面，通过精心设计和布置，展示当地的特色文化和风貌，为游客留下深刻的印象。

接待中心在旅游发展中起着重要的作用，它是旅游目的地的窗口和连接游客与目的地之间的桥梁，能够提供便利的服务和准确的信息，为游客创造良好的旅游体验，促进旅游业的发展和地方经济的繁荣。

二、客栈和民宿

客栈和民宿都是提供旅游住宿服务的场所，但它们在经营模式和特点上有所区别。

客栈通常是一种传统的旅游住宿设施，通常位于旅游目的地或风景区附近。客栈一般具有一定规模的建筑，设有多个客房供游客选择，提供基本的住宿设施和服务，如床铺、卫生间、空调、电视等。客栈通常由业主或管理者直接运营,提供标准化的住宿服务,并常常具有较为明确的管理体系和服务标准。客栈一般会提供早餐服务,并可能提供其他额外的服务设施,如餐厅、停车场等。

民宿(民居式旅游住宿)是一种以居民家庭的闲置房屋为基础,以提供独特的住宿体验为主要特点的旅游住宿设施。民宿通常是居民将自己的闲置房屋或房间租给旅客,提供临时住宿。民宿的房屋类型多样,可能是独立的小别墅、公寓、农家院等,也有部分是居民家庭的一部分空间。民宿通常提供温馨、家庭式的住宿环境,给游客一种融入当地生活的体验。民宿的房间设施和服务水平可能因业主的个人喜好和经营理念而有所差异,但通常提供基本的住宿设施,如床铺、卫生间等。

客栈和民宿都注重提供舒适的住宿环境和个性化的服务体验。它们的经营目标都是为游客提供独特的住宿选择,让游客能够更好地融入当地文化和生活方式。在选择客栈或民宿时,游客可以根据自己的需求和偏好,考虑住宿设施、地理位置、价格和评价等因素,选择适合自己的住宿方式。

三、餐饮设施

餐饮设施是指提供餐饮服务的场所或设备。它们可以包括各种类型的餐厅、饭店、咖啡馆、酒吧、快餐店等。餐饮设施的规模和设施会根据不同的场所和经营方式而有所差异,但它们的主要目的是为顾客提供各种餐饮食品和饮料。

常见的餐饮设施包括:

①餐厅:设有用餐区域和厨房,提供正餐、自助餐或特定菜系的菜肴。餐厅可以根据装修和服务风格的不同分为高档餐厅、中档餐厅和快餐厅等。

②咖啡馆:提供各种咖啡和小吃,以轻松舒适的氛围为特点,常用于休闲、社交或工作场合。

③酒吧:提供酒精饮品和小吃,通常作为社交和娱乐场所,酒吧可能

有音乐表演或其他娱乐活动。

④快餐店:提供便捷、快速的餐饮服务,通常以外卖或堂食方式供应,菜单包括汉堡、薯条、三明治等快餐食品。

除了以上常见的餐饮设施,还有许多其他类型的餐饮场所,如甜品店、冷饮店、面馆、火锅店、烧烤店等。这些设施可以根据不同的食品种类、经营理念和服务方式来分类。

餐饮设施的经营需要考虑食品卫生、菜单设计、厨房设备、服务人员培训等方面的要求,以确保提供安全、卫生、美味的餐饮体验给顾客。同时,餐饮设施也应遵守相关的法律法规,包括食品安全标准、员工劳动法等,保障顾客和员工的权益。

四、休闲娱乐设施

休闲娱乐设施是指为人们提供休闲、娱乐和娱乐活动的场所或设备。这些设施旨在满足人们的娱乐需求,提供各种休闲和娱乐活动的场所和设备。下面是一些常见的休闲娱乐设施的例子。

①娱乐场所:包括游乐园、主题公园、水上乐园、动物园、海洋馆等。这些场所提供各种游乐设施和娱乐活动,如过山车、旋转木马、水滑梯、观赏动物等,适合家庭和朋友一起度过愉快的时光。

②娱乐中心:提供多种娱乐设施和活动的综合性场所,如娱乐城、游戏中心、电影院等。这些场所通常设有电影放映厅、游戏机、保龄球、桌球、电玩游戏等,供人们享受休闲娱乐活动。

③体育设施:包括体育场馆、健身中心、游泳池、篮球场、网球场等。这些设施提供运动和健身的场所,人们可以参与各种体育活动,如篮球、足球、网球、游泳等,增强体质和放松身心。

④温泉和水疗中心:提供温泉浴、按摩、美容和放松身心的服务。人们可以在这些设施中享受温泉浸泡、按摩舒缓和美容护理,舒缓压力和提升健康。

⑤茶座:提供休闲、放松和社交的场所。人们可以在这些场所品尝茶

点和小吃,与朋友交流、阅读或工作。

五、导览服务

导览服务是指为游客或参观者提供导览、解说和指引的服务。导览服务可以提供有关景点、博物馆、展览、城市等的相关信息和解说,帮助游客更好地了解和体验所参观的地方。以下是一些常见的导览服务形式。

①导游服务:由专业导游提供的导览服务,他们具备相关知识和经验,可以向游客讲解景点的历史、文化、艺术等内容,并引导游客参观和了解各个景点的特点和亮点。

②音频导览:通过提供预录制的音频解说,游客可以使用导览设备或手机等听取导游的解说。音频导览可以根据游客的需求提供多语种选择,游客可以随时选择听取的内容。

③视频导览:通过播放预先录制的视频,向游客展示景点的风景、文化背景和历史故事。视频导览可以通过大屏幕、显示屏或移动设备等进行播放,提供更直观和生动的导览体验。

④导览地图和指南册:提供详细的景点地图和介绍,帮助游客自行导览。导览地图和指南册通常包含景点位置、路线规划、重要景点介绍和相关信息,游客可以根据自己的兴趣和时间自由选择参观。

⑤虚拟导览:利用虚拟现实(VR)或增强现实(AR)技术,游客可以通过佩戴 VR 眼镜或使用手机应用等,体验沉浸式的导览体验。虚拟导览可以提供逼真的景点模拟、互动体验和多媒体信息展示。

导览服务可以为游客提供更深入和丰富的参观体验,帮助他们更好地理解和欣赏所参观的地方。这些服务不仅可以提供相关信息和解说,还可以为游客提供导览路线规划、参观时间安排和其他旅游建议,提高游客的参观效果和满意度。

六、接待设施

接待设施是指用于接待和招待客人的设施和场所,提供舒适和便利

的环境,满足客人的需求。接待设施通常包括以下内容:

①接待大厅:设有前台接待处和休息区域,用于接待客人,办理入住手续,并提供信息咨询和服务。

②客房:提供各类客房供客人住宿,包括标准间、豪华间、套房等,设有床铺、卫生间、家具和基本的生活设施。

③餐厅和酒吧:提供各类餐饮和饮品服务,包括早餐、午餐、晚餐,以及小吃、咖啡、酒水等。

④会议室和宴会厅:用于举办各类会议、培训、庆典和宴会活动,配备音响设备、投影仪、舞台等设施。

⑤健身和休闲设施:包括健身房、游泳池、SPA、按摩等设施,供客人进行身体锻炼和放松。

⑥商务中心:提供复印、传真、打印、上网等办公设施和服务,满足商务客人的需求。

⑦其他设施:如停车场、礼品店、洗衣服务、行李寄存等,为客人提供更全面的服务和便利。

接待设施的目标是提供舒适、便利和满意的住宿和服务体验,满足客人的需求,营造良好的客户体验和口碑。各种设施的设计和布置应符合客人的需求和期望,保持设施的安全和卫生,提供优质的服务,从而提升客人的满意度和忠诚度。

乡村接待服务设施建设能够吸引更多游客到乡村地区旅游观光,增加乡村旅游的收入和就业机会,推动乡村经济的发展和乡村振兴战略的实施。同时,它也能够改善乡村居民的生活条件,促进乡村文化的传承和乡风文明的建设。

第四节　乡村信息服务设施建设

乡村信息服务设施建设是指在乡村地区建立和完善信息化设施,以提供信息服务和便利乡村居民的生活和发展。以下是一些常见的乡村信息服务设施建设内容。

一、乡村网络覆盖

乡村网络覆盖是指在农村地区建立稳定、高速的互联网网络,使乡村居民能够方便地接入互联网,享受数字化信息和服务。以下是乡村网络覆盖的一些关键点和方法。

①建设宽带网络基础设施:在乡村地区铺设光纤和宽带网络设备,提供高速稳定的网络连接。可以采用光纤到户的方式,将宽带网络引入每个农户。

②无线网络覆盖:在乡村地区建设无线网络覆盖,包括 Wi-Fi 覆盖和移动网络覆盖,方便居民使用智能手机、平板电脑等设备接入互联网。

③政府支持和投资:政府部门应加大对乡村网络覆盖建设的支持和投资力度,提供资金和政策支持,推动乡村网络建设的顺利进行。

④电信运营商参与:与电信运营商合作,利用其网络资源和技术优势,共同推动乡村网络覆盖工作。可以与运营商签订合作协议,共同承担网络建设和运营维护的责任。

⑤共享基础设施:推动不同网络运营商、政府机构和企业之间的合作,共享基础设施和网络资源,降低网络建设成本,提高网络覆盖效果。

⑥教育和培训:加强乡村居民的网络教育和培训,提高其对网络的认知和使用能力。可以开展网络培训班、提供网络教程和指导,帮助居民熟练使用互联网。

乡村网络覆盖的重要性在于打破信息孤岛,让乡村居民能够享受到互联网带来的便利和机遇。通过乡村网络覆盖,居民可以获取到农业信息、市场行情、政府政策等实时信息,同时也可以开展电子商务、在线教育和远程医疗等活动,促进乡村经济发展和农民增收。

二、信息中心

信息中心是一个集中管理和提供信息服务的机构或场所。在乡村信息服务设施建设中,信息中心起着重要的作用。以下是信息中心的一些基本特点和功能。

①信息收集和整理:信息中心负责收集乡村各方面的信息,包括农业信息、农产品市场信息、政府政策信息等,并进行整理和归档,以便后续的查询和使用。

②信息发布和传播:信息中心将收集到的信息进行发布和传播,通过多种渠道向乡村居民提供信息服务。可以利用电子显示屏、宣传栏、传单等方式将信息展示给居民,也可以通过互联网、手机 App 等渠道进行信息传递。

③信息查询和咨询:居民可以到信息中心进行信息查询和咨询,询问相关问题或获取特定信息。信息中心的工作人员可以提供专业的指导和建议,帮助居民解决问题和获取需要的信息。

④信息培训和教育:信息中心可以开展信息技术培训和教育活动,提高乡村居民的信息素养和技能水平。可以组织培训班、讲座或研讨会,教授居民如何使用电子设备、上网查询信息、利用网络资源等。

⑤信息资源管理:信息中心负责管理乡村的信息资源,确保信息的安全、完整和可靠性。包括信息的备份、存储、维护和更新等工作,以确保信息的可持续性和可用性。

信息中心的建设对于提升乡村居民的信息获取能力、促进农村发展和改善农民生活具有重要意义。通过信息中心,乡村居民可以及时了解到最新的农业技术、市场行情、政府政策等信息,提高农业生产效益和农民增收能力。同时,信息中心也是推动数字乡村建设和信息化发展的重要支撑,为乡村发展注入新的活力和动力。

三、电子支付系统

电子支付系统是指基于电子技术和网络通信设施,用于实现货币交易和资金流转的一种支付方式。它通过数字化的方式,将支付行为从传统的现金支付转移到电子平台上进行,提供了更加便捷、快速和安全的支付方式。

电子支付系统通常包括以下要素和功能：

①支付工具：包括银行卡、手机支付、电子钱包等，用户可以通过这些支付工具进行消费支付。

②支付网关：作为支付系统与商户之间的桥梁，负责处理支付交易请求、进行身份验证和支付授权等。

③支付渠道：涵盖线上和线下的支付渠道，包括网银支付、第三方支付平台、POS机等。

④安全性措施：采用各种加密技术和身份验证手段，确保支付过程的安全性和用户信息的保护。

⑤结算与清算：包括支付机构和银行之间的结算和清算流程，保证资金的准确划转和结算。

电子支付系统的优势包括：

①便捷性：用户可以随时随地进行支付，不受时间和地域限制，无须携带大量现金。

②快速性：支付过程简单快捷，资金可以即时划转，节约了用户的时间。

③安全性：采用了多种安全技术和措施，保护用户的资金和个人信息不被盗窃或篡改。

④实时监控：支付系统可以实时监控交易活动，及时发现异常情况并采取相应措施。

电子支付系统在商业交易和日常消费中发挥着重要作用，促进了经济的发展和便民服务的提升。随着科技的不断进步和用户支付习惯的改变，电子支付系统的应用将进一步普及和发展。

四、公共信息终端

公共信息终端是指在公共场所或公共服务机构中设置的专门用于提供信息服务和交互的终端设备。它们通常配备有显示屏、触摸屏、键盘、扫码器等功能,能够向用户提供各种信息内容和服务。

公共信息终端的主要功能包括:

①信息查询:用户可以通过终端查询各类信息,如新闻资讯、天气预报、交通信息、旅游景点介绍等。

②自助服务:终端可以提供自助服务,如办理车票、机票、酒店预订、缴费、取号等。

③导航导览:终端可以提供导航和导览功能,帮助用户查找目的地并提供路线指引。

④公共服务:终端可以连接公共服务平台,提供政府公告、社区服务、就业信息等公共服务内容。

⑤公众信息发布:终端可以用于发布公共信息,如政府公告、紧急通知、宣传活动等。

⑥互动娱乐:终端可以提供互动娱乐功能,如游戏、音乐、视频播放等。

公共信息终端的设置可以提供便捷的信息服务,满足公众的信息需求,提升服务效率,促进社会公共服务的现代化和智能化。同时,公共信息终端也需要考虑信息安全和用户隐私保护等问题,确保用户信息的安全和合法使用。

五、移动应用服务

乡村旅游移动应用服务是指通过移动应用程序提供给游客的与乡村旅游相关的各种服务。这些应用程序通常具有以下功能:

①旅游景点介绍:提供乡村旅游景点的详细介绍、图片和视频展示,帮助游客了解各个景点的特色和历史文化。

②路线规划:根据游客的出发地和目的地,提供最佳的乡村旅游路线规划,包括交通方式、时间、距离等信息,方便游客安排行程。

③导航导览:提供实时导航功能,指引游客前往乡村旅游景点,包括地图、定位、路线导航等功能,帮助游客更方便地找到目的地。

④特色体验活动:推荐乡村旅游的特色体验活动,如农家乐、手工艺制作、农田劳作等,让游客可以深入了解乡村文化和生活方式。

⑤预订和支付:提供乡村旅游产品的在线预订和支付功能,包括住宿、餐饮、景点门票等,方便游客提前安排行程并进行支付。

⑥用户评价和分享:允许游客对乡村旅游景点、活动、服务进行评价和分享,帮助其他游客了解真实的用户体验和推荐。

乡村旅游移动应用服务可以让游客更方便地获取信息、规划行程、体验活动,并提供了更好的互动和参与体验。同时,它也促进了乡村旅游的发展,为乡村地区的经济和社会发展带来了新的机遇。

乡村信息服务设施建设的目标是提供信息共享和便利服务,促进乡村经济发展、农民增收和乡村居民生活品质的提升。通过建设和完善乡村信息服务设施,可以提高乡村居民的信息素养和应用能力,促进乡村的数字化转型和智慧乡村建设。

第五章 文旅融合背景下乡村旅游设施建设

第一节 乡村旅游设施建设的原则与要求

一、乡村旅游设施的内涵

(一)乡村旅游设施的含义

在乡村旅游业的发展中,乡村旅游设施是不可或缺的物质基础。所谓乡村旅游设施,就是为了适应旅游者在乡村旅行游览过程中的需要而建设的各项物质设施的总称。

(二)乡村旅游设施的构成

通常来说,乡村旅游设施可以细分为以下几类。

1. 乡村旅游交通设施

从某种程度上来说,没有交通也就没有乡村旅游,而且交通通达深度、交通设施的完善程度、交通服务质量是乡村旅游业发展的前提条件,也在很大程度上决定着乡村旅游能够吸引的旅游者数量。因此,在乡村旅游设施中,交通设施占有十分重要的地位。乡村旅游交通设施包括乡村外部交通(即从旅游客源地到乡村旅游目的地所依托的中心城市之间的交通)、乡村内部道路(即乡村旅游目的地内部的交通)、停车场、服务驿站、特色风景道、指引系统等。

2. 乡村接待服务设施

乡村接待服务设施涉及住宿、餐饮、娱乐、购物等多个方面,可以说是乡村旅游者使用量最大的一类乡村旅游设施,乡村接待服务设施的建设情况将会对乡村旅游者的旅游体验产生重要的影响。

3.乡村环卫设施

乡村环卫设施不但是乡村旅游便利性的重要保证,而且乡村环卫设施的建设情况在很大程度上影响着旅游者的旅游体验。一般来说,供水设施、供电设施、给排水设施、垃圾收运设施、卫生间等都属于乡村环卫设施。

4.乡村信息服务设施

乡村信息服务设施是乡村旅游目的地为了使旅游者及时对乡村旅游信息进行了解而建设的,主要包括导览标识系统和通信设施两大类。在当前的信息时代,必须高度重视乡村信息服务设施的建设与升级。

(三)乡村旅游设施的重要性

在乡村旅游的发展中,乡村旅游设施有着十分重要的作用,具体表现在以下几个方面:

1.乡村旅游设施影响旅游者的旅游体验

乡村旅游景点的设施如果不够完善,那么旅游者在整个旅游过程中的体验就会变差。如此一来,旅游者对该乡村旅游景点的认可度便会下降,再次前来的可能性也会大大降低。而旅游者的减少,又会导致乡村旅游景点收入的减少,从而影响乡村旅游业的进一步发展。

2.乡村旅游设施是乡村旅游品质的重要载体

乡村旅游设施涉及的内容是十分广泛的,而且在很大程度上影响着乡村旅游的品质。乡村旅游设施只有具备了较强的功能性和独特性,才能使乡村旅游的高端品质得到有效凸显。

3.乡村旅游设施能够展现乡村旅游的风貌

乡村旅游设施是乡村旅游整体形象和细节特色,即"乡土味"的重要展现。而乡村旅游设施与乡土特色的结合,对于展现乡村旅游风貌具有重要作用。

二、乡村旅游设施建设的基本原则

乡村旅游设施建设所追求的并不是豪华、舒适，而是能够与当地农民的生活进行有机融合，能够最大限度地保持和突出当地的特色，并具有自然、朴素的特点。同时，在进行乡村旅游设施建设时，必须注重满足乡村旅游者的需要。要实现这一点，在建设乡村旅游设施时必须切实遵循以下几个原则。

（一）闲置性原则

乡村有着极为广阔的地域且变化十分缓慢，因此在乡村发展过程中出现的宗祠、农舍、水井、水塘、简易生活设施等闲置的文化遗存通常能够长时间保留。而在发展乡村旅游的过程中，可以充分利用这些闲置的文化遗存来建设乡村旅游设施。这不仅能够减少乡村旅游建设的成本，提高乡村闲置文化遗存的利用率，而且能够尽可能减少乡村旅游设施的人工痕迹，提高旅游者的乡村旅游体验感。

近年来，随着大量的农村劳动力进城务工，乡村的闲置空间不断增多，包括房舍、仓库、田地等。此外，乡村本身就具备不少的基础设施，如对外联系的道路、餐厅、步道、凉亭、路标、垃圾桶等。这些设施物都是乡村旅游设施的重要组成部分，重建的话不仅需要大量的资金而且人工化的痕迹很重。若是通过利用、改善原有的设施物来进行乡村旅游设施建设，如将仓库改作乡村旅游服务中心，则不仅花费少、对环境的冲击小，而且能够与自然有机融合。

（二）乡村性原则

乡村旅游设施并不是刻意雕琢的人工景观，而是注重将乡村风貌与乡土文化进行有机融合，以展现出人与自然的和谐相处。因此，在建设乡村旅游设施时，必须遵循乡村性原则，具体体现在以下几个方面。

第一，在建设乡村旅游设施时，可以对乡村老房子的建筑方式进行借鉴。这是因为乡村老房子的建设成本比较低，建筑材料容易获得，也方便施工。

第二,在建设乡村旅游设施时,要切实以乡村环境为依托,以便旅游者能够在旅游过程中充分体验浓郁的乡土气息以及乡村整体环境的和谐美感。

第三,在建设乡村旅游设施时,要切实体现一个"农"字,即乡村旅游设施要能够充分体现农家氛围。

(三)自然性原则

自然性原则指的是在建设乡村旅游设施时,要注重人与自然的有机融合,尽可能保证乡村旅游设施的建设材料要么直接从自然中获得,要么通过农民的生产获得,如木头、砖块、麦秸等。此外,在建设乡村旅游设施时,所选择的建筑材料要做到无毒、无腐蚀性,且能够回收利用。

(四)经济性原则

在进行乡村旅游设施建设时,要在充分考虑自身经济状况的基础上,尽可能降低建设的费用,并要确保建设好的设施能够为乡村旅游的发展带来良好的经济效益,这便是乡村旅游设施建设的经济性原则。

在建设乡村旅游设施时,之所以要遵循经济性原则,一个重要的原因便是乡村旅游设施的建设费用主要来自乡村旅游的投资商以及融资所得,而不论是进行乡村旅游投资还是融资,最终目的都是获得经济效益。随着乡村旅游业的迅速发展,越来越多的投资商进入这一领域,并出现了外商投资、负债融资、权益融资、股权融资、社会集资等投融资模式,从而使乡村旅游的投融资逐步进入了发展的"黄金期"。同时,乡村旅游投融资的进一步发展,使得可用于乡村旅游设施建设的资金比重逐年提高,乡村旅游设施得以顺利建设。而乡村旅游设施的顺利建设必将带动乡村旅游的健康发展,继而使乡村旅游的投融资获得回报。

三、乡村旅游设施建设的总体要求

在进行乡村旅游设施建设时,除了要遵循一定的原则,还要符合以下几个总体性的要求。

(一)乡村旅游设施建设的基调必须是单纯朴实的

在进行乡村旅游设施建设时,应自觉地追求单纯、朴实、自然的基调,只有这样,才能确保所建设的乡村旅游设施与乡村旅游的内涵相统一,才能有效保护当地的资源和环境,才能使旅游者在旅游过程中切实获得返璞归真的体验。

(二)乡村旅游设施建设必须注重保护乡村环境

自然生态是乡村旅游产品的核心,厌烦了城市喧嚣的城市居民到农家就是为了亲近自然、享受自然。因此,在进行乡村旅游设施建设时,既要设计出有特色的乡村旅游设施,又要注重对乡村环境的保护,尽可能做到与自然环境有机融为一体。

第二节 乡村旅游交通与游憩设施建设

一、乡村旅游交通设施的建设

乡村旅游交通设施是指游客出入乡村旅游区以及在其内完成游览、体验服务时所利用的各类道路网络、交通工具及配套设施。

(一)乡村旅游交通设施建设的关键因素

在进行乡村旅游交通设施建设时,要特别注意以下几个关键因素。

1. 可进入性

利用特定的交通系统,从某一区位到达指定活动区位的便捷程度,便是可进入性。交通最基本的特征便是具有可达性,它是连接旅游集散地和乡村旅游目的地的重要途径。因此,在进行乡村旅游的各类道路网络建设时,要确保其具有良好的可进入性。为此,必须做好用于连通乡村旅游景点至外部城镇或连通该地区干线、支线公路的建设,它是吸引旅游者进入乡村旅游的基础。

2. 功能性

在对乡村旅游区内的车道进行规划时,要首先考虑的是采用人车隔离还是人车共存。采用人车隔离的车道规划,既能够保证汽车的顺畅行驶,也能够保护行人的安全。而采用人车共存的车道规划,就是在不对行人的步行以及沿街居民的生活造成威胁的前提下,允许汽车通行,并要对汽车的车速进行限速,以免出现威胁行人和居民安全的情况。为此,在对车道进行规划时,路面必须采用车辆进入须缓行的设计构造。

3. 规范性

在进行乡村旅游交通道路建设时,要特别注意道路的规范性、合理性和细枝末节的连通性,以切实形成旅游和生活服务的乡村交通网络。此外,在进行乡村旅游交通道路建设时,要注意以《公路工程技术标准》和《绿道规划设计导则》为技术指导,以切实维护所建设道路的质量。

4. 秩序性

在进行乡村旅游交通道路建设时,必须建立清晰的秩序,让旅游者感受到一种愉快的空间和景观意象。为此,在进行乡村旅游交通道路建设时要切实考虑这几个问题:第一,出入口与基地周围动线系统的联结;第二,汽车与行人尽量避免冲突;第三,与基地停车场或服务区相配合。

5. 体验性

在进行乡村旅游交通设施建设时,要注重体验性的设计,具体如下:第一,要注重乡村旅游交通线路的体验性设计。这能够进一步增强乡村旅游的趣味性,继而延长旅游者的旅游活动时间,促进乡村旅游的进一步发展。第二,要注重乡村旅游交通工具的体验化,因地制宜地扩展诸如索道、游船、滑竿、骑马等体验性活动项目,增加共享单车等类型的交通工具。

6. 安全性

在进行乡村旅游交通设施建设时,要切实考虑到安全性这一因素,即要根据不同道路的性质和特点,合理选择道路平面形式、断面形式,路面结构、材料等,保证车辆、行人交通的安全和畅通。

7. 景观性

在进行乡村旅游交通设施建设时,要强化自然和文化的特点,注意道路的景观设计与沿线自然条件和建筑物相协调,同时注意道路绿化的整体性和连续性。

8. 可持续性

在进行乡村旅游交通设施建设时,应重视建设过程中的生态要求,确保所建设的乡村旅游交通设施在不破坏生态环境的同时,能够实现可持续利用。

(二)乡村旅游交通设施的具体建设

1. 步道的建设

在乡村旅游规划中,步道是不容忽视的一个组成部分。通常来说,步道就是引导旅游者穿越特定户外空间而使用的林荫道、广场和绿地。因此,步道的建设情况将会对整个乡村旅游活动的效果产生重要的影响。要建设一条好的步道,安全因素是首先要考虑的问题,其次要确保步道的宽度、斜坡适当,表面装饰材料能够防滑且具有耐久性,最后要注意步道的两边需有良好的景观效果、供行人休息的座椅,步道周边的植物、铺面、水池、喷泉等景致也需精心考虑,这对于增强旅游者的美感体验具有重要的作用。此外,在进行步道建设时,必须做好以下几方面的工作。

(1)要做好步道的线路设计

步道的线路设计情况会对旅游者的旅游体验产生重要的影响。因此,在进行步道的线路设计时,要做到有入景、展开、高潮、结尾部分。其中,入景要新奇,引人入胜;展开指在景象特征、景观类型、游览方式和活动上不断变换,起伏跌宕,使旅游者流连忘返;高潮是在游览中使旅游者感受最集中、最突出、最有特色的景观,应利用游览线路对主景进行泄景,使之若隐若现,待成熟时达到高潮的效果;结尾,使旅游者感到回味无穷。此外,从具体建设施工的技术环节来看,步道的线路设计应特别注意以下几个方面。

第一,步道的线路宜曲不宜直,宜险不宜夷,宜狭不宜宽。也就是说,在进行步道的线路设计时,要尽可能以景观的自然特点为依据,并充分保持景观的自然风貌,使旅游者在游览过程中能够不断变换游览视线,如登山、涉水、穿林等。如此一来,旅游者便能获得多样化的旅游体验,游览乐趣也会大大增加。

第二,步道的线路要尽可能设计为环形的,这样旅游者在游览过程中不用走回头路,能够始终保持游览的新奇感。

第三,步道线路的进出口设计要合理,尽可能避免拥挤的现象,而且要便于疏散旅游者。

第四,步道要注意坡度及台阶的设计。在保证路基稳定的情况下,步道应尽量利用原有地形以减少土方量。坡度超过12%时,要做防滑处理;坡度超过18%时,为了便于行走,需设适合游客步履的台阶。通常来说,室外踏步高度设计为12~16厘米,踏步宽度为30~35厘米,低于10厘米的高差可以做成坡道。台阶计数宜在8~11级,最少不少于3级,最多不超过19级。台阶长度超过3米或需改变攀登方向的地方,应设置休息平台,供旅游者中途休息。

第五,步道的线路若是要穿过水面风景,则要注意将桥或浮桥作为重要的设计元素,以便在点缀景色、增加风景层次的同时,进一步丰富旅游者的旅游体验。其中,桥的架设要以水面的形式以及周围环境的特点为依据,如小水面的,所架桥型应轻快质朴,通常为平桥或微拱桥;水面宽广或水势湍急的,应设高桥并带栏杆,利用桥的倒影或曲折的桥身来增添水面景色;水面平缓的,应使桥体造型多变,一般可不设栏杆,或一边设栏杆,架桥低临水面,以便旅游者能够亲近水面,获得良好的旅游体验。浮桥是一种活泼、简洁的"桥",在运用于线路设计中时要注意表现出韵律的变化。

第六,步道的周围要注意景观的打造。乡村特有的动物或植物作为乡村的典型特征,可以应用到步道景观的营造上。这也能够更好地展现乡村风情,从而给旅游者留下更为深刻的印象。

(2)要做好步道的横断面设计

步道的横断面,也就是步道的宽度。一般来说,单人行的步道宽度为0.8~1.0米,双人行的步道宽度为1.2~1.8米,三人行的步道宽度为1.8~2.2米。

(3)要选择合理的路面材料

村旅游景点的步道必须坚固耐磨,且具有平滑的纹理和防滑的功能。为此,要注意选择合理的路面材料。通常来说,步道的路面材料有柔软和坚硬之分。表面柔软的材料如碎石、草皮、木材、卵石等,在前期的建造费用是比较低的,但在后期进行维护时比较麻烦,且需要较高的费用。此外,这些表面柔软的材料很容易磨损,且不便于残疾者使用。因此,在乡村旅游景点的步道上运用这些路面材料时,要注意将其应用于行人流量不多的地方。表面坚硬的材料如沥青、混凝土、预制板等,在前期需要较高的建筑费用,但后期维护比较容易,且花费不高。另外,这些表面坚硬的材料平滑、坚实,可供车辆必要时通行。因此,在乡村旅游景点中若有车辆通行的道路,就需要采用这些表面坚硬的材料。

2. 机动车游览道路的建设

在乡村旅游交通设施的建设中,机动车游览道路的建设可谓是重中之重。它既要承担乡村旅游景区交通集散的功能,又要承担一部分游览观赏功能。在进行机动车游览道路的建设时,必须做好以下几个方面的工作。

(1)要做好机动车游览道路的线路设计

在进行机动车游览道路的线路设计时,应特别注意以下几个方面:

第一,机动车游览道路的平面线形应径直、连续、流畅,并要安全舒适。

第二,机动车游览道路的线路要与地形相适应,并能与周围的环境保持协调一致。

第三,机动车游览道路既要满足汽车行驶的基本要求,也要满足驾驶者和旅游者在视觉方面的要求,即能够让驾驶者和旅游者获得良好的视觉和美好的景观感受。

第四,步道要注意坡度及台阶的设计。在保证路基稳定的情况下,步道应尽量利用原有地形以减少土方量。坡度超过12%时,要做防滑处理;坡度超过18%时,为了便于行走,需设适合游客步履的台阶。通常来说,室外踏步高度设计为12～16厘米,踏步宽度为30～35厘米,低于10厘米的高差可以做成坡道。当遇特殊困难纵坡度小于0.3%时,应设置锯齿形偏沟或采取其他排水措施。

第五,机动车游览道路要控制好平均纵坡度,当越岭路段的相对高差为200～500米时,平均纵坡度宜采用4.5%;当相对高差大于500米时,宜采用4%;任意连续3000米长度范围内的平均纵坡度,不宜大于4.5%。

第六,机动车游览道路应成为乡村风情的串联通道,即所设计的机动车游览道路应注重对民风民俗等乡村文化的展现,并注意通过乡村文化主题宣传、特色标识牌、特色文化展示等方式,构建融山水画卷、田园风光、历史文化、民俗风情等于一体的游览线路。

(2)要做好机动车游览道路的横断面设计

机动车游览道路的横断面主要有两种形式,即单幅路和双幅路。其中,单幅路是将双向行驶的车辆都组织在同一车道上,且通过道路标线对快慢车道进行划分,使车辆分道行驶。在不会破坏交通秩序且不会对交通安全造成影响的情况下,可以对快慢车道进行调剂使用。通常来说,当路段的交通量相对较小或是道路用地难以扩展时,可以采用单幅路这一道路横断面形式。

双幅路相比单幅路来说,是将双向行驶的车辆分为上下两道,因而使在行驶过程中更为安全。通常来说,双幅路适用于三种路段:一是双向机动车交通量较大的路段;二是车道中心设置绿化带进行隔离的路段;三是双向车道不在同一高程上的路段。

(3)要选择合理的路面材料

在建设乡村旅游的机动车游览道路时,最重要的是确保其能够与行车安全要求相符合。为此,在选择机动车游览道路的路面材料时,要充分考虑材料的坚固性、平稳性、耐磨性以及承载力。此外,还要考虑到材料应有一定的粗糙度,并且少灰土、便于清扫。通常来说,沥青混凝土、黑色碎石加沥青砂封面、水泥混凝土或预制混凝土块等都是较为理想的机动车游览道路的路面材料。

3. 自行车游道的建设

在我国,自行车可以说是一种极具特色的交通工具,且具有多种优点,如费用低、无污染、占用面积小、节省能源等。在乡村旅游中,完全可以将自行车作为一种重要的旅游交通形式,让旅游者在观赏风光的同时达到休闲健身的目的。为此,需要进行自行车游道的建设。在这一过程中,必须做好以下几个方面的工作。

(1) 要做好自行车游道的线路设计

在进行自行车游道的线路设计时,应特别注意以下几个方面:

第一,在进行自行车游道的线路设计时,要充分考虑到景观资源的状况、地形以及气候等因素,尽可能体现出一定的地方特色。

第二,在进行自行车游道的线路设计时,要充分考虑到安全性,不可穿越地质不稳定的区域。

第三,在进行自行车游道的线路设计时,要充分考虑到生态性,不可穿越重要动植物栖息地等环境敏感区,以免造成生态环境的破坏。

第四,在进行自行车游道的线路设计时,要尽量配合地形,尽可能将对地形地貌的破坏降到最低。

第五,在进行自行车游道的线路设计时,要考虑到周围风景的多样性,因而最好设计成环路。

第六,在进行自行车游道的线路设计时,不能忽视引导设施、服务设施、交通管制设施的建设。

第七,在进行自行车游道的线路设计时,要注意在适当的位置设置休憩平台或水平车道,以供旅游者休息。

第八,在进行自行车游道的线路设计时,要充分考虑到游道的坡度。通常来说坡度以小于5%为宜,最好不要超过8%,其中坡度超过2%的路径不宜超过4千米,坡度超过4%的路径不宜超过2千米,若有特殊高差必须克服,也尽量不超过12%。

(2) 要做好自行车游道的横断面设计

在进行自行车游道的横断面设计时,应特别注意以下几个方面。

第一,自行车游览道的路面宽度应按车道的倍数计算,而车道数应按自行车高峰每小时的交通量来确定。通常来说,为保证道路的整体性,同一乡村景区的自行车游览道路应采取相同的宽度标准。一般每条车道的宽度宜为1米,靠路边的和靠分隔带的一条车道侧向净空宽度应为0.25米。自行车道路双向行驶的最小宽度宜为3.5米,若混有其他非机动车时,单向行驶的最小宽度应为4.5米。

第二,在自行车游览道的曲线转弯处,要充分考虑其曲率半径,并适当加宽自行车道转弯的内侧。

第三,自行车游道除了要有舒适、景观优美的车道行驶空间,还要有自行车停放空间以及休憩停留空间等。

第四,自行车游道的两侧要做好边坡、护栏、排水、照明、绿化等相关设施的建设。

(3)要选择合理的路面材料

在建设自行车游道时,路面材料要优先考虑透水性铺设材料,在透水性不佳的地方,可以在碎石层下增设过滤砂层,并增加等级配碎石厚度至15厘米以上。为避免车轮打滑,路面铺设应避免与车行方向平行的勾缝,垂直方向的勾缝宽度不得大于12毫米,且道路表面的平整度上下之差不得大于20毫米。

此外,在建设自行车游道时,所选择路面材料要具有耐久性、经济性,且维护起来较为容易。此外,所选择的路面材料的表面质感与原始色泽要尽可能与环境相融合。

4.停车场的设计

在对停车场进行设计时,应特别注意以下几个方面:

第一,在对停车场进行设计时,设计风格要尽可能与乡村旅游区(点)的整体造型保持协调一致。

第二,在对停车场进行设计时,要注意根据车型合理地安排车位基础层的厚度,通常游览车位的基础层厚度要大于小型车。

第三,在对停车场进行设计时,要尽量选择原本就平坦的空间,以减少人工的痕迹以及人工的建筑成本。

第四,在对停车场进行设计时,要注意采用透水软底的铺面材质,以便增加土壤的含水量。同时,要注意在不同功能的车道、车位及步道上,以不同铺面材质加以区分。但是,不论采用哪种铺面材质,都要确保其具有耐候性、耐压性、耐磨性及易维护性。

第五,在对停车场进行设计时,不能忽视绿化造景。停车场的绿化造景要能够切实发挥绿化的作用,并能够与周围的环境有机融合。

第六,在对停车场进行设计时,要尽可能选择坡度平缓、排水性良好的地点,并要考虑到旅游者可以接受的步行距离。

第七,在对停车场进行设计时,要注意与交通线进行紧密配合,并确保车辆的进入不会影响主要交通路线的通畅。

第八,在对停车场进行设计时,可以考虑采用路边停车的形式,且尽可能采用斜角停车的方式。

第九,在对停车场进行设计时,要注意留有一定的弹性停车空间,以免旺季时出现无法停车的现象。

第十,在对停车场进行设计时,要注意应在村庄主入口或游客接待中心附近区域设置大型生态停车场(可供旅游大巴车停放),村庄内可根据需要设置小型生态停车场。

二、乡村旅游游憩设施的建设

乡村旅游游憩设施是供旅游者观景及休息时的建筑物和坐具,它们的存在可使旅游者在旅游环境中停留更长的时间。

(一)乡村旅游游憩设施建设的原则

在对乡村旅游游憩设施进行建设时,需要遵循一定的原则,具体如下:

1. 要展现乡土气息和地域风貌

在建设乡村旅游游憩设施时,要确保其在外观方面能展示出浓郁的乡土气息和地域风貌,能够对区域范围内整体景观起到点缀的作用。乡村游憩设施不应等同于城市的现代化景观,应以乡村环境为依托,营造传统农耕社会的乡野之趣、田园之乐,保留单纯、质朴的乡村审美意味。

2.要体现原生态

在进行乡村旅游游憩设施建设时,要尽可能体现原生态。因此,乡村旅游游憩设施的建筑材料应取材天然,或选用当地特有的建筑材质,体现地域特征。一般情况下,可以选择原木质地、石材质地,甚至是秸秆稻草或海边地区的海草也都可以营造不同的建筑风格,还能带给旅游者天然纯粹的原生态体验。

3.要注重与环境的协调融合

乡村游憩设施应秉承师法自然、天人合一的传统理念,体现出建筑与自然的高度和谐。

通常来说,游憩设施应兼具实用与美观的双重功效,而所谓的美观并不是奢华铺张,而是可以与当地的自然或人文环境融为一体,能够成为地域乡村风貌的展示载体。因此,在进行乡村旅游游憩设施建设时,在选材上要注意尽量体现乡土气息,在格局样貌上则要注意融入当地民俗文化中的一些特有元素。

(二)乡村旅游游憩设施建设的内容

在进行乡村旅游游憩设施建设时,通常来说包括以下几个方面的内容。

1.休憩座椅

休憩座椅是满足乡村旅游者休息需要的最基本配置,也是乡村旅游区的重要构成元素。为了能够给旅游者提供舒适干净、稳固美观的休憩环境,休憩座椅在外观设计、位置设立、材质选择等方面都要综合考虑。

(1)休憩座椅的外观设计

为给旅游者提供舒适的休息环境,休憩座椅在外观上应与人体的生理需求相符合。因此,在对休憩座椅的外观进行设计时,要科学设计休憩座椅的高度、宽度、靠背以及表面等。一般座椅设计平均高度离地面约46厘米,宽度30~46厘米,同时座椅表面与靠背要与人体曲线相适合。

(2)休憩座椅的位置设立

第一,休憩座椅在方位上应采用面对面或垂直排列,以方便旅游者之间进行交流。

第二,休憩座椅要尽可能布置在乡村旅游区的步行道、广场等位置。

第三,休憩座椅的周围尽可能搭配树木或墙壁等,以便旅游者能够获得安稳的感觉。

第四,休憩座椅最好设置在树荫下,还要注意配置独立的遮阳伞,以满足旅游者遮阳或避雨的需求。

(3)休憩座椅的材质选择

休憩座椅在材质选择上应尽量与乡村旅游区内的自然环境特性相配合,采用天然材质,如木料、石料、藤制品等,使其能够与周围环境相得益彰,体现美观与实用兼顾的原则。

2.观景平台与凉亭

旅游者在游览过程中,往往需要能够进行短暂休憩的场所,并且希望在这一场所观赏到特殊的景观。因此,在进行乡村旅游游憩设施建设时,要重视平台与凉亭的建设。

通常来说,凉亭可以作为旅游风景中的一种点缀,且能够让旅游者遮阳避雨。但是,凉亭的建造成本是比较高的,且有较高的地形条件要求。同时,凉亭的建造必须兼具实用性和观赏性,建设的要求也比较高。而观景平台的建设相对简易,且适于选择在视野开阔、景色宜人的特殊地点,可让旅游者在游览过程中止步于此,赏景小憩。此外,在进行观景平台建设时,必须做好安全防护的设施和提醒。

在乡村旅游建设中,应综合考虑修建成本和旅游者休憩需求两方面的因素,对观景平台与凉亭进行结合使用。同时,在外观设计与主材料选择方面,可以木材、石材等天然材质为主,体现质朴、原始的乡土气息。

第三节 乡村旅游的绿化设计

一、乡村旅游绿化设计的重要性

在发展乡村旅游的过程中,进行绿化设计有着十分重要的意义,具体表现在以下几个方面。

第一,植物绿化可以美化乡村旅游环境,并在维系大自然生态平衡、调和自然环境(如调节气候、涵养水源、增加生物多样性等)方面发挥重要的作用。

第二,植物绿化通过适当的空间配置方式,可以使旅游景区获得不同的氛围与惊喜,如为旅游者提供私密感觉、为旅游者的游览进行引导等。

第三,植物绿化可以将乡村旅游区营造出不同的视觉感受,包括美感、季节与时间上的表征、框景以及多层次景观的视觉感受等,从而使旅游者获得更多的游憩体验。

第四,植物绿化可以在一定程度上降低天然的灾害危险。

二、乡村旅游绿化设计的影响因素

在对乡村旅游的绿化进行设计时,会受到多方面因素的影响,其中较为重要的有以下几个方面:

(一)乡村旅游区的发展定位与特色

乡村旅游区的发展定位与特色,不仅会对乡村旅游区的品质、乡村旅游区的吸引力产生重要的影响,而且会影响整个乡村旅游区的绿化建设计划。因此,在设计乡村旅游的绿化时,首先要明确乡村旅游区的发展定位与特色,即以何种模式作为诉求,如有以花草类型为主、有以乔木或果树类型为主。

(二)乡村旅游区存在的环境问题

在乡村旅游景区内,必须采取有效的措施来解决这些环境问题。其中,绿化建设可以说是一个有效的解决策略。因此,在对乡村旅游的绿化进行设计时,要明确乡村旅游区内到底出现了哪些环境问题。

通常来说,为了解决乡村旅游区内存在的环境问题,如乡村旅游地因地理条件欠佳、建设后产生不良的景观(如挡土墙、排水沟等),或是为了避免游客破坏乡村旅游区内部分设施等问题,使用的植物种类多以开花、具香气的或是悬垂性的植物居多;为了解决乡村旅游区外存在的环境问题,如某些视觉角度景观不佳等问题,可以用乔木或灌木进行绿化,以确保乡村旅游区内的各项环境品质。

(三)特定的目的

在进行乡村旅游绿化设计时,很多时候是为了实现某一目的。这一类型的乡村旅游绿化属于较为积极的做法,即通过绿化建设手法在乡村旅游区内营造各种不同的空间,借以提供给旅游者颇具丰富性游憩体验的感受,或提供利用绿化建设将远方美景纳入眼底的小空间,或者提供沉静冥想的小场所,或者提供休憩、聊天、停留的小空间等。

三、乡村旅游绿化设计的内容

在进行乡村旅游绿化设计时,以下两方面的内容要特别予以注意。

(一)选择合适的绿化地点

乡村旅游的绿化建设适当,能够使乡村旅游区增添环境正面效果,并有效改善环境问题。若是乡村旅游的绿化建设不适当,则不仅不会带来绿化的效果,还会导致一系列的环境问题。因此,在进行乡村旅游绿化设计时,需要选择恰当的绿化地点,以便通过绿化来彰显主题特色,达到吸引旅游者到访的目的。具体来说,在进行乡村旅游绿化设计时,可以选择以下几处地点。

1.入口处及旅游者主要动线地区

旅游者在进行乡村旅游时,最容易产生第一印象的地方便是乡村旅游区的入口处以及旅游者的主要动线地区。因此,在选择乡村旅游绿化的地点时,入口处及旅游者主要动线地区是绝不能被忽视的,并要通过绿化展现这些地方最美好的一面。

在对乡村旅游区的入口处及旅游者主要动线地区进行绿化时,要特别注意以下两个方面:

第一,在乡村旅游区的入口处,要注意栽种有观赏价值的植物,且所栽种的植物要注意灌木、乔木的合理搭配,以便让旅游者产生视觉上的冲击。

第二,在乡村旅游区内的旅游者主要动线地区,要注意以绿篱作为"引导"手法,避免旅游者在区内迷失方向,同时绿化所用的树种要以具有开花特性的灌木或直立型乔木为主。

2.可及性高的主题区域

在乡村旅游景区内,可及性高的主题区域也就是能够展现乡村旅游区的特色且旅游者最常到达的区域。在对这一区域进行绿化时,要注意让旅游者在心理层面上获得安全稳定的感觉,并要注意展现出区域内的特色。比如,区域内以花卉为主题特色,配置方式则以四季花草为主,乔木与灌木为辅,且以花卉主景为中心,周边则配置乔木以供游客乘凉或起地标指引作用,或配合灌木高低层次变化,形成"凹"形的地景地貌,可使乡村旅游区内特色主题更为明显。

(二)选择合适的绿化树种

在进行乡村旅游绿化设计时,选择合适的绿化树种也是十分重要的。在这一过程中,应特别注意以下几个方面:

1.根据绿化的目的来选择树种

在选择乡村旅游绿化的树种时,绿化目的是不得不考虑的一个方面,即要通过绿化的特殊性来达到营造气氛的目的。比如,在乡村旅游景区内,可以向日葵、薰衣草等为主题,设置小径及步道,让旅游者有身临其境的感受。

2.尽可能选择原生地树种

植物的生长深受环境的影响,且不同的植物有其特定分布区域。因此,在选择乡村旅游的绿化树种时,要尽可能选择对当地的气候、环境等条件已能良好适应的原生地树种,以确保进行乡村旅游绿化的树种能够有较高的成活率和良好的生长情况。此外,在进行乡村旅游绿化时选择原生地树种,能够减少绿化管理的成本,更好地保持生态平衡,并进一步凸显当地特色等。

3.根据旅游区内各空间规划的属性来选择树种

植物的类型是多种多样的,而且不同的植物在外观、生理构造等方面存在较大的差异。从植物的生长高度来看,既有十分低矮可以作为绿篱的灌木,也有高达3～4米的可以界定空间、提供绿荫的大乔木;从植物的特殊性来看,植物既有重在观花的,也有重在赏叶的。因此,在对乡村旅游绿化的树种进行选择时,要充分考虑到旅游区内各空间规划的属性。

在乡村旅游景区的入口处,要尽可能选择杜鹃、桃金娘、雏菊、海棠等具有观花价值的低矮植物,以营造一种喜庆的氛围;在乡村旅游景区的主要动线地区,要尽可能选择罗汉松、龙柏、七里香等直立型植物或是绿篱,以便对旅游者的游览产生一定的"引导"效果。在乡村旅游景区内,若是想给旅游者提供乘凉场所,则要尽可能选择樟木、重阳木等开展状植物。

4. 要尽可能选择鸟饵植物或蜜源植物

在生态系统中,植物往往会扮演着一定的角色,或是生产性的角色,或是支持性的角色。具体来说,植物在生态系统中,既要为草食性动物提供食物,也要为动物的栖息、藏身提供一定的空间。因此,在选择乡村旅游绿化的树种时,要注意考虑动物的栖息与觅食习性,选择适合当地物种的鸟类或蜜源植物,以便在实现绿化目的的同时,为鸟类、蝶类、昆虫或动物提供栖息环境与食物。

第四节　乡村旅游网络信息平台构建

互联网信息技术的发展和网络营销手段的不断更新促进了智慧旅游时代的到来。在这一时代的影响下,乡村旅游要想获得健康发展,必须做好网络信息平台的构建,以便及时收集相关信息,对环境影响、乡村生态旅游发展效应等进行及时评价和反馈,提出调整建议。

一、乡村旅游网络信息平台构建的背景

乡村旅游网络信息平台与其他的旅游网络信息平台相比,从网站的构建技术角度来看,在本质方面并没有什么区别。但就平台服务的对象,平台发挥的功能和作用,以及网络信息平台的信息单元组成而言,乡村旅游网络信息平台较一般旅游信息平台更具独特的原始自然性、新奇性、欣赏愉悦性、自主参与体验性、探险性等重要特性。因此,构建乡村旅游网络信息平台对于增大乡村旅游的份额、提高乡村旅游产品的品位、拓宽乡村旅游服务的客源市场前景都具有极其重要的作用。

当前，我国的旅游者大多属于产品消费者，一些新奇的娱乐场所、海滨避暑胜地、名声较大的观光景点和名胜古迹等较符合旅游者的需求，他们希望花较少的钱和时间经历最多的旅游活动，这使得国内旅游产品的开发有了紧迫感，同时向旅游产品的集聚性和规模性提出了挑战。由于乡村旅游浓郁的乡土性、旅游资源的丰厚性、旅游主体的大众性、旅游形式的包容性、生态体验与教育功能的集成性、农村资源的可整合性、乡村生态环境优势等显著的旅游特征，使社区农民受益所产生的社会效应和经济效应明显增加。因此，乡村旅游的发展受到了越来越多的关注。

伴随着乡村旅游的发展，数字旅游也在国内蓬勃发展起来。在此影响下，乡村旅游业信息化建设成为乡村旅游发展的一个重要课题，乡村旅游网络信息平台构建也得到了越来越多的关注。构建乡村旅游网络信息平台，既可以及时发布乡村旅游的相关信息，也可以为旅游者定制特色旅游服务项目，从而吸引更多的旅游者，促进乡村旅游的可持续发展。

二、乡村旅游网络信息平台构建的重要性

进行乡村旅游网络信息平台的构建具有十分重要的作用，具体表现在以下几个方面：

（一）开拓乡村旅游产品的营销市场

乡村旅游网络信息平台的构建，能够为拓展乡村旅游产品的营销市场提供广阔的机遇和挑战，为乡村旅游资源可持续开发、利用、保护、科普教育提供科学数据和决策依据。具体来说，通过乡村旅游网络信息平台，可以对乡村旅游产品进行跨区域营销，从而使乡村旅游产品被更多的旅游者所认识，继而产生消费该乡村旅游产品的想法。如此一来，乡村旅游景区便能不断地吸引新的旅游者，从而获得可持续发展。

（二）促进乡村旅游的规范发展

对乡村旅游网络信息平台进行积极构建，能够为旅游承载力、旅游线路可视化选择提供信息发布平台。与此同时，借助乡村旅游网络信息平台，可以对乡村旅游管理措施、条例、法律制度和安全环境等进行有效规范，最终切实打造出一个有序的、文明的、安全的乡村旅游产品良性循环

的信息环境。如此一来,乡村旅游便能不断地得到规范发展。

(三)构建乡村旅游的特征信息库

利用乡村旅游网络信息平台,能够恰如其分地描述乡村旅游的信息特征,如乡村旅游项目的新奇性、乡村旅游环境的原始性等。而在收集了乡村旅游的信息特征后,便可以进一步构建乡村旅游的特征信息库,并结合数字化技术实现乡村旅游景点的网络宣传、传播,挖掘乡村旅游产品网络营销的市场潜力。具体来说,乡村旅游的特征信息库必须能够提供以下几方面的信息。

1.乡村旅游区域的生态环境特征信息

旅游者打算要游览的区域是否具有独特的生态气息、浓郁的生态环境,这对旅游者来说是极其重要的旅游愿望之一。因此,乡村旅游网络信息平台需要提取与之相关的信息,如乡村旅游区域自然风光覆盖范围、人居环境适宜程度、空气污染指数、生态环境指标、相对原始状态指标的对比信息等。将景区的这些能够表征乡村旅游区域生态环境的信息通过信息技术的处理,利用网络信息平台充分地展现在旅游者眼前,用以吸引更多的旅游者。

2.乡村旅游区域原生文化环境的特征信息

了解、观察、体验有别于他们本土文化模式的异文化(如本土文化、民族文化等),是旅游者选择去某地旅游的共同心理特征。

因此,在乡村旅游的特征信息库中,必须包括乡村旅游区域内人群所具有的历史文化特征和现实文化特征的相关信息,如人居生活方式、习俗信息、文化模式的原始状态以及保留程度等。而旅游者通过获取这些信息,可以先做好去旅游目的地出游的相关计划、思想和物质方面的充分准备,继而在游览过程中获得更多的旅游体验和心理满足。

3.能够让旅游者自主参与的旅游项目信息

旅游者在参与乡村旅游的过程中,往往希望能够自主去参与、体验,因此在构建乡村旅游的特征信息库时,应该包括能够让旅游者自主参与的旅游项目信息。比如,在允许的范围内,给旅游者提供关于旅游项目或旅游线路自由增减、自由组合、自助旅游等方面的信息;提供有偿交通工具或自备交通设备、自备可拆卸帐篷、参与餐食准备、组织娱乐活动等自选活动;提供贴近自然、富有挑战性的旅游方式,如徒步、登山、潜水、漂流、攀岩、探洞、滑雪、热气球旅行、骑自行车、自驾车船、乘伞滑翔等;提供参与排除事先安排的"险情"或偶尔出现的"危险"等活动;提供安全设施以及导游人员,乃至安保人员等。

旅游者在获取了可以自主参与的旅游项目信息后,很容易产生这样一种感觉:这些自己设计的或特制的旅游项目能够充分发挥他们自身潜力、施展他们的才干等。

在此推动下,旅游者便会催生出强烈的旅游体验愿望,并最终去实现这一愿望。总的来说,乡村旅游的特征信息库所提供的以上三种信息,构成了它区别于常规旅游信息系统的特色旅游。尤其是在人们越来越注重自身价值的开发、旅游者审美层次不断提高、社会经济文化水平迅速发展的今天,乡村旅游将呈现出蓬勃发展的生命力,在旅游业中的作用和影响也将快速充分地表现出来。

三、乡村旅游网络信息平台构建的思路

乡村旅游网络信息平台多是基于 Web 的乡村旅游信息网络,在具体的构建过程中,必须做好以下几方面的工作。

(一)网站网页的设计

在进行乡村旅游信息网站网页的设计与制作时,应切实注意以下几个方面:

第一,在设计乡村旅游信息网站的网页时,必须确保其具有自身鲜明的特点。

第二,在设计乡村旅游信息网站的网页时,要确保栏目编排有序清晰,网页层次的规划逻辑性强,网页内容突出行业特色。

第三,在设计乡村旅游信息网站的网页时,要确保游览者能够准确、灵活、简捷地进入网页。

第四,在设计乡村旅游信息网站的网页时,要尽可能具备全面、强大的功能,以更好地满足旅游者的需求。

第五，在设计乡村旅游信息网站的网页时，要确保页面形象品质好，页面设计理念和制作技术到位，色彩协调且丰富。

第六，在设计乡村旅游信息网站的网页时，要注意不断完善信息发布功能，确保行业管理条例、法律法规内容以及最新旅游信息等都能得到及时发布。

第七，在设计乡村旅游信息网站的网页时，要注意设置会员管理功能，以便网站被更多的人员所认可与使用。

第八，在设计乡村旅游信息网站的网页时，要注意不断对网页内容进行更新，以便用户能够在网页上做较长时间的停留。

第九，在设计乡村旅游信息网站的网页时，要切实抓住用户的上网心理，制作吸引用户的页面。

第十，在设计乡村旅游信息网站的网页时，必须提供先进的客户端网络组件和安全的网络技术保障，以便用户可以安全地浏览相关网页。

（二）Web 数据库的设计

在进行乡村旅游网络信息平台构建时，Web 数据库的设计也是一个十分重要的环节。Web 数据库是乡村旅游网络信息平台的后台支持，在具体的设计过程中要注意做好以下两方面的工作。

1. 明确数据库的框架

乡村旅游网络信息平台的数据库，通常来说主要包括以下几部分内容。

（1）旅游业务信息库

在乡村旅游的旅游业务信息库中，需要包括以下信息。

第一，旅游路线信息。

第二，旅游目的地附近的城市信息。

第三，旅游目的地的生态环境、本土文化、习俗信息。

（2）旅游业界综合信息索引库

在乡村旅游的旅游业界综合信息索引库中，需要包括以下信息。

第一，与旅游以及乡村旅游发展相关的最新管理条例、法律法规的信息。

第二,最新旅游项目或产品的信息。

第三,最新旅游产品销售网络交易的信息。

(3)旅游者及会员信息库

在乡村旅游的旅游者及会员信息库,需要包括以下信息。

第一,用户论坛信息。

第二,会员管理信息。

第三,旅游人才信息。

第四,旅游者反馈信息。

2. 选择合理的数据库开发技术

针对乡村旅游网络信息平台需要完成的特定服务功能和媒体信息展示等技术难点,所选择的数据库开发技术应具备以下几个特点:

第一,提供完善的模糊查询功能。

第二,数据库的信息上传、下载、删除、修改等功能呈动态管理状态。

第三,大数量记录检索、查询速度提高到微秒级别。

第四,成熟的多语言翻译平台支撑,至少支持中英互译功能。

第五,媒体数据库数据格式支持流点播技术。

第六,数据库管理权限、口令、操作模块等分配明确严格。

第七,数据库系统的监控、数据交换具有安全、周密的技术保障。

第八,Web数据库配置有防火墙,能抵御外部攻击。

第九,数据库扩充升级性能高。

(三)功能的划分

乡村旅游网络信息平台从总体上来说,需要划分为一定的功能模块,其中较为合理的有境内外旅游项目自主设计模块、多媒体旅游景点可视化展示模块、旅游规模发展模块、旅游规划决策支持模块、旅游管理条例法规和最新产品发布模块、资源远程共享模块、乡村旅游发展模式BBS模块、乡村旅游产品网络营销虚拟市场模块、资源远程共享模块、系统界面设计模块以及系统后台数据的管理、更新和维护模块。

乡村旅游网络信息平台各个模块完成的功能集中在一起,将实现乡村旅游的特色旅游服务功能,以及乡村旅游资源的可持续发展和协调利用。

第六章 乡村旅游发展产品创新

第一节 乡村旅游产品概述

乡村旅游是在农业观光基础上发展起来的一种具有休闲度假性质的旅游方式,因此乡村旅游产品具有明显的复合型特征。乡村旅游产品的开发要充分地遵循自然环境的客观规律,尊重当地的社会文化,尽可能地保证当地自然环境与社会人文环境的乡村性,这是进行乡村旅游产品创新的基本原则。

一、乡村旅游产品的内涵

从旅游者的角度来看,旅游产品指的就是旅游者为了获得物质或者精神上的满足,花费一定的金钱、时间和精力所获得的一次旅游活动。从旅游地的角度来看,旅游产品指的就是旅游地为了满足旅游者的物质和精神需求,所提供的一系列服务的综合。所以,乡村旅游产品的定义如下:在旅游需求一方看来,乡村旅游产品乃是旅游者为了获得物质和精神上的满足,通过花费一定的金钱、时间和精力所获得的一次乡村性旅游经历。

简单地说,凡是带有乡村性特征,能够为旅游者提供乡村生活体验的产品都可以称为乡村旅游产品。目前人类已经过渡到了体验经济时代,体验经济是继农业经济、工业经济、服务经济之后人类的第四种经济形态。在体验经济时代,企业提供给顾客的是最终的体验,顾客留下的是一段难以忘却的记忆,消费者获得的是一种身体和心理上的体验,并需为这种体验付费。在旅游业中,旅游体验更是表现得淋漓尽致,旅游产品作为一种高级的享受型的、体验型的产品形式,更是从各个方面来满足游客的精神和心理需求,使游客产生美好的体验和记忆。乡村旅游产品则是人们所追求的一种更具深刻体验魅力的旅游产品。

二、乡村旅游产品的特点

(一)产品的参与性

在体验经济时代,参与性是体验经济的首要特征,没有参与性的乡村旅游产品只能满足旅游者感官上的需求,但是却很难引起游客在情感上的共鸣。因此,产品的参与性成为乡村旅游产品的一大特点,即为游客提供参与到乡村衣、食、住、行等活动的机会,是乡村旅游产品规划的首要考虑因素。

(二)产品的差异性

产品的差异性指的就是乡村旅游产品的主观性和个体性。每一个旅游者的家庭背景、生活环境、知识文化程度、个人兴趣爱好等都存在很大的差异,因此旅游者对于乡村旅游产品的体验性也存在很大的差别,这就要求在对乡村旅游产品进行规划时必须重视乡村旅游产品的差异性,这种差异性可以通过产品的质量、形式、包装等体现出来,以更好地满足不同游客的需求。

(三)产品的时尚性

从本质上来说,乡村旅游产品其实就是乡村社会文化和当地居民生活价值取向的一个载体,但是在规划乡村旅游产品时也不能简单地从乡村居民的角度出发,原因就在于旅游者是乡村旅游产品的主要消费者,而绝大部分旅游者对于时尚的追求是一种本性,因此在规划乡村旅游产品时,要重视将乡村性与时尚性结合起来。

(四)产品的原生性

乡村旅游之所以能够吸引越来越多的城市居民,根本原因就在于乡村生活的特殊性。可以看出,在乡村旅游中,对游客产生吸引力的是原汁原味的乡村生活,而不是利用现代科技来模仿乡村文化。因此,在对乡村旅游产品进行规划时,必须重视产品的天然性和原生态性。

(五)产品的乡村性

乡村旅游产品的乡村性是界定乡村旅游的核心内容,也是乡村旅游独特的卖点,还是乡村旅游区别于城市旅游的根本特征,乡村旅游产品正是以这种纯朴而浓郁的乡土气息来吸引游客的。乡村性主要表现在资源具有明显的乡土性和旅游活动具有浓郁的乡情性。比如古色古香的乡土民居、如诗如画的田园风光、原始古朴的劳作形式,这些都散发出浓郁的乡土气息。与农家朋友漫步于田间小道,或与他们一起种植、采摘、载歌载舞,这些活动都蕴含着浓浓的乡情。

(六)产品的教育冶情性

乡村淳朴的传统美德及生产生活具有天然的教育和冶情功能,乡村旅游产品能够给旅游者带来快乐、轻松、兴奋、愉悦和幸福的各种心理感受,能够启迪人们的心灵,陶冶人们的审美情趣,提高文化素养,领悟人与自然"天人合一"的和谐。比如在与民同耕的参与性产品中可以体验到乡民"锄禾日当午,汗滴禾下土"的艰辛和生命的厚重韵味,同时增强旅游者对人类生产劳动的体认,对现代生活的重新认知。

(七)产品的脆弱性

乡村旅游产品的脆弱性主要表现在乡村旅游产品是基于乡村的生态环境设计出的,而乡村的生态环境本身属于一种半人工半自然生态,这种特殊的生态环境很容易受到游客的破坏,而伴随着乡村生态环境破坏而来的是乡村旅游产品的破坏。

三、乡村旅游产品的类型

(一)从消费行为的角度划分

1. 核心产品

乡村旅游的核心产品指的是乡村自然景观与社会人文景观,这是发展乡村旅游的基础和核心。一般来说,乡村旅游的核心产品主要包括:乡村接待、乡村度假、乡村景观、乡村文化。对于旅游者而言,缺少其他产品所造成的后果无非是体验感下降,但是缺少核心产品则会造成旅游者失去最基本的旅游动力。因此,乡村旅游核心产品的开发与规划对于乡村旅游的发展有着十分重要的意义。

2. 辅助产品

乡村旅游的辅助产品是从乡村旅游核心产品延伸出来的,弥补乡村旅游核心产品不足的产品类型。例如,乡村接待需要提供相应的餐饮与住宿服务,又如乡村文化是一个抽象的概念,需要借助一定的载体进行表现,而各种乡村工艺品、特色活动等就是最好的载体,这些都是乡村旅游辅助产品的表现。事实上,辅助产品看似没有核心产品重要,但也是不可或缺的。如果说核心产品是乡村旅游的基础,那么辅助产品则是乡村旅游质量提高的保证,是增加核心产品吸引力的根本途径。

3. 扩张产品

乡村旅游的扩张产品是由政府、企业、行业协会等组织的面向乡村旅游的营销或服务网络。扩张产品是乡村旅游发展到一定阶段、形成一定规模后的产物,游客通过乡村旅游网络获得旅游信息、预订及其他增值服务,乡村旅游的从业者也通过该网络共享资源并开展营销活动。

(二)从旅游资源的角度划分

1. 村落民居旅游产品

村落民居旅游产品指的是那些将乡村民间建筑作为旅游开发资源的旅游项目,这些民间建筑大多数是传统的民居,但也有部分是独具特色的现代化建筑,具体如下:

第一,将古民居作为旅游资源进行开发是乡村旅游的一大热点,由于很多农村地区交通不便,与外界的交流较少,因此很好地保存了古代建筑,这些建筑对处于现代社会环境下的人们具有极大的吸引力。近年来比较成功地将村落民居作为主打旅游产品的地区有福建的明清建筑、山西的王家大院、河南的康百万庄园等。这些地区因古民居保存完整,历史风貌古朴而受到诸多旅游者的喜爱。

第二,将现代化乡村建筑作为主打产品进行开发也是当前乡村旅游的一个着眼点。部分地区在对乡村建设进行规划时结合乡村发展特点,充分展示了社会主义新农村的建设成果,比较有名的有江苏的华西村、河南的南街村等。

2.民俗风情旅游产品

乡村旅游对游客产生吸引力的一个主要原因就是乡村独特的风土人情和民俗文化。因此,对风俗民情和乡村文化进行开发,突出乡村的农耕文化、乡土文化等特色是一种十分常见的手段。目前比较常见的民俗风情旅游产品主要有以下几种:

第一,生产民俗,如农耕民俗、手工业民俗等;

第二,流通交易民俗,如商业民俗、通信民俗等;

第三,消费生活民俗,如服饰、饮食等;

第四,社会礼仪民俗,如礼俗、成人、婚嫁、寿诞等;

第五,家族民俗,如称谓民俗、排行民俗、财产继承民俗等;

第六,村落民俗,如集市民俗、村社民俗、乡规条例民俗等;

第七,民间组织民俗,如行会民俗、社团民俗、帮会民俗等;

第八,历法及节气节日民俗,如传统节日、二十四节气、本民族的年节等;

第九,游艺民俗,如民间体育竞技民俗(赛龙船、赛马),民间杂艺博戏民俗(斗牛),民间艺术民俗(蜡染、剪纸、刺绣、雕刻等)、民间口承语言民俗(民间传说、神话、故事、山歌、谚语等)。

3.田园生态旅游产品

将乡村的田园生态环境与各种农事活动结合起来开发成乡村旅游产品,是我国乡村旅游发展早期的一种表现形式,但是近年来随着城市居民对旅游产品多样化的需求,这种独具风情的乡村生活模式又再次蓬勃发展。根据主题的不同,田园生态旅游产品大致可以分为竹乡游、花乡游、水乡游、果乡游等,也可以根据旅游活动的内容将其分为四种类型。

第一,农业景观观光游。农业景观观光游指的就是以欣赏农业景观为主题的乡村旅游项目。比较常见的农业景观观光旅游形式有田园风光观光,如欣赏水乡、梯田等独特的田园景观;林区风光观光,如森林旅游、种植园旅游等;草原观光,如欣赏大草原景观等。

第二,农业科技游。随着科学技术在农业生产中的应用越来越广,很多农业景观既具有传统农耕文化的特点,也具有现代科技的特点,这种特色的结合极大地增强了农业景观的吸引力,也催生了将农业科技作为主打产品的乡村旅游产品,例如,观赏高科技种植园区等。

第三,绿色生态游。绿色生态游一般指的就是充分利用乡村原生态的生态资源来进行旅游,这种旅游项目一般尽可能地减少人工痕迹,增加旅游者与自然生态环境的接触。

第四,乡村务农体验游。城市居民大致可以分为两种类型,一种是城市原居民,即从城市建立的那一刻起就是城市居民,另一种则是外来居民,例如,通过城区扩建或者自主迁入城市等手段成为城市居民。对于第一种居民而言,乡村的农耕生活极为新鲜,而对于第二种居民而言,乡村的农耕生活是缅怀过去生活的一种方式,因此催生了乡村务农体验游。即让游客与村民一起生活,共同劳动,亲自接触真实的农耕生活,感受乡土气息。

4.乡村自然风光旅游产品

乡村自然风光旅游产品即以乡村地区的自然地质地貌、风景水体、风景气象气候与天象、生物等旅游资源形成的旅游产品。

第一,自然地质旅游:包括典型的地质构造、典型的标准层型地质剖面、观赏岩石、矿物、古生物化石、火山地震遗迹、海蚀、海积遗迹、典型的冰川活动遗迹。

第二,地貌旅游:山岳地貌、岩溶地貌、干旱风沙地貌等。

第三,风景水体旅游:江河风景河段、溪涧风景河段、构造湖、火口湖、堰塞湖、河迹湖、海迹湖、风蚀湖、冰蚀湖、溶蚀湖、人工风景湖、风景瀑布、冷泉、矿泉、观赏泉、风景海域等。

第四,风景气象气候与天象旅游:云雾景、雨景、冰雪景、霞景、旭日夕阳景、雾凇、雨凇、蜃景、佛光景。

第五,生物:植物包括观花植物、观果植物、观叶植物、观枝冠植物、奇特植物、珍稀植物、风味植物、森林。动物包括观形动物、观色动物、观态动物、听声动物、珍稀动物、表演动物。

(三)从旅游者体验的角度划分

1.乡村观光旅游产品

乡村观光旅游产品指的是将乡村的自然风景和各种社会人文景观作为主题,以参观为主要方式的一种旅游产品。例如,古建筑观光、风水文化观光、园林文化观光、田园观光等。

2.娱乐型旅游产品

娱乐型旅游产品即以满足旅游者休闲、娱乐的需求所提供的旅游产品纯粹的观光对于游客的吸引力是极为有限的,很多游客选择乡村旅游的一个基本出发点就是为了充分享受乡村的生活,因此娱乐型旅游产品的开发是十分重要的。例如,为了让游客更好地融入乡村生活中开发出的示范表演,为游客提供亲手制作乡村手工艺品的机会,让游客亲自动手制作农家的食物和饮料等。

3.保健型旅游产品

部分乡村由于缺少独特的自然景观与乡村文化,另辟蹊径地开发出了保健型旅游产品,针对当前大众普遍处于"亚健康"状态的现象开发出各种强身健体、修身养性、医疗保健的旅游项目。例如,日光浴、温泉浴、散步、食疗养生等。

4.乡村休闲度假旅游产品

乡村休闲度假是指在乡村地区,以特有的乡村文化和生态环境为基础开展的休闲度假活动,是乡村旅游发展到一定阶段较高层次的一种旅游形式。休闲度假旅游产品一般融观赏、参与、体验、教育、娱乐为一体,主要有周末节日度假游、家庭度假游、集体度假游、疗养度假游和学生夏令营等形式。

5. 乡村生活体验旅游产品

乡村生活体验旅游产品是指通过提供丰富的乡村生活独特的信息和新奇的活动，来帮助旅游者全身心地投入对乡村劳作的知识和技能进行探索，获得积极的旅游体验。典型的乡村生活体验游有民俗风情体验游、野外生存体验游、童趣追忆体验游、亲子温馨体验游、动物亲近体验游、心理调节体验游、贫困苦难体验游、农家生活体验等。如农家生活体验活动形式主要有：果园摘果、品尝，花卉园学习插花技艺、园艺习作，茶园采摘，竹园学习竹编、竹雕、竹枝、竹节造型等艺术和烧制竹筒饭，在牧区可以挤马奶、勾兑奶茶、骑马放牧，感受原汁原味的牧区生活。

6. 修学科考旅游产品

修学科考旅游产品其实是专门为青少年设置的一种产品类型。修学科考旅游产品正是针对这一现象而设计，通过为青少年提供各种自然科考的机会来吸引游客，例如，青少年环境保护游、农业生产游、大自然生态写生游等，在旅游中帮助青少年认识自然，认识乡村，树立正确的世界观、人生观与价值观。

7. 民俗旅游产品

民俗旅游产品即将乡村的民俗文化作为切入点，针对性地开发旅游产品。例如，根据乡村的舞蹈风俗、体育风俗以及各种传统的工艺品、饮食文化、民族建筑等开发出相应的产品。

8. 节日旅游产品

节日旅游产品指的是以各种节日为核心的一种旅游产品。一般来说，节日旅游产品根据节日活动内容的不同大致可以分为以下五种。

第一，农村风光节日。将欣赏农村优美的自然风光作为节日的主题。很多景观都是具有一定的时间限制的，在最美景观出现之时开展各种以景观为主题的节日活动，能够极大地提高对游客的吸引力。

第二，农业产品节日。即在某种农业生产成熟时开展的节日活动。这种节日活动一般是为了表达对丰收的庆祝以及对来年丰收的愿景，因此这种节日往往是一种狂欢式节日,与以往的生活节奏截然不同,这对于希望脱离日常生活的城市居民而言极具吸引力。

第三,民俗文化节日。我国民族众多,因此各种民族节日也繁多,这些民族节日都是不同民族文化的载体。

第四,历史典故节日。即将历史上比较有名的事件作为节日的主题,然后针对性地开发旅游产品。

第五,综合类节日。即没有特定的主题节日,内容包括多种体验方式,满足游客的不同需求。一般来说,这种类型的节日多以"文化节"命名。

9. 乡村会议度假旅游产品

乡村会议度假旅游产品指的是将会议作为切入点进行开发的一种旅游产品。对于一些大型会议而言,如果乡村的生态环境优美、基础设施完善且交通比较便利的话,那么会议的举办方很乐意在乡村地区举办会议,这对于提高参会人员的工作效率是极为有利的。

10. 专项旅游产品

专项旅游产品包括体育旅游、采风摄影旅游、电影电视拍摄旅游、野营旅游、怀旧旅游与历史事件遗迹旅游等。摄影旅游指旅游者前往乡村地区拍摄自己的摄影作品,并将旅游与摄影视为一举两得的体验方式。怀旧旅游是指专门寻觅历史人文风情、建筑、生活用具、名人故居等的旅游活动。历史事件遗迹旅游则是乡村旅游产品谱中重要的组成部分,在乡村地区有开发这一旅游产品的丰富素材。

11. 乡村购物旅游产品

乡村购物旅游产品主要是为旅游者提供旅游纪念品、土特产、工艺品等,供游客选择购买。乡村购物旅游产品包括农村服饰、农副产品、土特产品、手工艺品、农村饮食等有形物品。主要利用石、木、竹、柳、藤、荆等编制、加工的各类工艺品,利用葫芦、菱秆、高粱穗、麦秆、芦苇、马莲草等加工成的生活用品等。乡村购物旅游产品具有纪念性和实用性。

四、乡村旅游产品的特色

(一)乡村旅游产品的客观真实性

乡村旅游产品明显具有真实性的特点。旅游者到乡村进行旅游互动,观察乡村居民的真实生活方式和各种传统习惯,并亲自参与农耕生活、节日庆典、产品加工等活动,充分满足了旅游者体验不同生活的需求。更为重要的是,旅游者参与的各种活动并不是旅游地提供的一种虚假活动,而是旅游地的日常生活,这是乡村旅游真实性的最大体现。

(二)乡村旅游产品兼具自然与人工特色

与城市环境相比,乡村旅游产品的自然环境较为优美,与纯粹的荒野森林相比,乡村的旅游产品又具有一定的人工属性,这种半人工半自然的特点使得乡村旅游产品的自然环境更具有特色。例如,我国拥有森林景观的地区众多,原始森林面积极为广阔,但是这些地区却缺少对游客的吸引力,原因就在于这些地区由于缺少人工规划,处于最为原始的状态,与游客的预期心理不相符。而乡村旅游产品既保留了森林景观的原始性,同时也对森林景观进行了一定的规划,使得森林景观显得井然有序,如此对游客的吸引力自然会大幅度提高。试想一下,对于游客而言是搭个帐篷睡在纯粹的原始森林更有吸引力,还是住宿在乡村提供的森林旅馆中更具有吸引力?毫无疑问,除了纯粹的探险者,后者更具有吸引力。

(三)乡村旅游产品的季节性显著

农业生产是在人们定向干预和调节下的生物再生产过程,生产的各个阶段深受水、土、光、热等自然条件的影响和制约,具有明显的季节性,从而使得农业旅游活动具有明显的季节性。乡村农业生产活动有春、夏、秋、冬四季之分,夏、秋季节乡村旅游火爆,冬、春季节旅游冷淡。

(四)乡村旅游产品项目多样化

乡村旅游依托乡村古朴秀丽的乡村环境和各类农业资源、农耕文化、乡村民俗风情，针对客源市场需求状况，开发出一系列趣味性高、参与性强、文化内涵丰富的各种旅游产品类型和各种旅游产品项目。

第二节 乡村旅游产品开发的基本原则

一、因地制宜原则

一个好的乡村旅游产品总是以本地的旅游资源为基础，以独特的乡村生活表现为目标。因此，在对乡村旅游产品进行规划时要坚持因地制宜的原则，对本地的乡村旅游资源进行考察，寻找最佳的切入点。

以渔业资源比较丰富的乡村为例，在对乡村旅游产品进行规划时可以大致将乡村旅游产品分为三个阶段。

第一个阶段，利用本地丰富的渔业资源来为游客提供渔业景观观光、垂钓等项目，这些项目对于资金的要求较低，能够迅速地帮助旅游地积累大量的资金来用于后续阶段的开发。

第二个阶段，介于这个时候资金相对有限的困境，该地区完全可以充分利用现有的资源，打出"原生态捕鱼"的口号，吸引游客与渔民一起居住，一起捕鱼。如此一来，对于住宿等基础设施的要求就会下降。同时为游客提供自己制作海鲜食品的机会，让游客把自己捕获的鱼制作成各类海鲜食品，加强游客的体验感。

第三个阶段，经过前两个阶段的资金积累，该地区已经拥有相对充足的资金来进行大规模的开发，这个时候应当针对本地区的渔业资源与渔业文化打造休闲观光渔业游览区，依托原生态的岛屿、村落、礁石、滩涂等多元化地发展乡村旅游，例如，观海景、尝海鲜、踏海滩的休闲观光旅游、捕鱼钓虾的体验式旅游等。

当然，上述分析主要是针对那些乡村旅游资源丰富而又缺少足够发展资金的地区而言的，部分地区如果资金较为充足的话，可以直接进入第三个阶段,从一开始就对乡村旅游进行系统科学的规划。总而言之,因地制宜地开发旅游产品是必要的。

二、可持续发展原则

从某种意义上说,乡村旅游对于农村生态环境的破坏是不可避免的,因此在规划乡村旅游产品时尽可能地对农村生态环境进行保护与改善,实现农村生态环境的可持续发展。具体来说,乡村旅游产品对农村生态环境的保护主要体现在以下两个方面:

一是对农村自然生态环境的保护。这就要求乡村旅游产品不能以破坏自然景观为代价,例如,森林景观、草原景观等自然景观只能开发出观光型旅游产品,而开发体验型旅游产品则极易对这些景观造成不可修复的破坏。再比如在开发捕鱼等体验型产品时也要把握好尺度,避免大肆捕捞对渔业资源造成破坏等。

二是对农村人文生态的保护。乡村人文生态的保护主要集中在各种古文物上,例如,对于一些年代比较久远的古文物,要尽可能地避免游客与其进行接触。

三、生态原则

生态原则是乡村旅游产品开发的一个十分重要的原则,是实现乡村旅游发展与环境、资源协调统一的重要保证,更是确保乡村旅游产品原汁原味的根本途径。所谓的生态原则指的就是在开发设计乡村旅游产品时,要尽可能地实现旅游产品与周边生物、自然环境相一致,避免人工雕琢的痕迹。一般来说,乡村旅游产品生态原则主要体现在基础设施的建设上。

乡村基础设施对于乡村旅游发展的重要性不言而喻,但是基础设施的建设过程本身也是对自然生态的破坏过程,这种情况下乡村基础设施建设要尽可能地遵循绿色建筑设计原则。例如,在建筑材料的选择上要尽可能地使用木材、毛竹、泥土等自然材料,而不是大量地使用钢筋混凝土;在安装水电设施时要充分利用太阳能、风能、沼气等再生能源,实现能源的节约与循环利用;在建筑设计上要利用设计手段来实现建筑的自然通风、自然降温、建材保温等;在建筑的外观上要与周边的自然环境相统一。

四、美学原则

人类的审美活动是人类一切活动中最基本的活动之一,美是人类永恒的追求,旅游从本质上讲,实际上就是一种审美过程。旅游活动作为人们精神生活的一部分,是游览性和观赏性的审美活动;是自我实现与自我完善、潜移默化的情感过程;是陶冶情操、修身养性的过程,是自然美、形式美与社会美、艺术美的统一。旅游审美追求的是"天、地、人"合一的理想审美情境,其目标是创造人与自然的和谐。所以,在乡村旅游产品开发过程中,要综合考虑旅游者的审美心理要素和旅游审美态度,把握旅游者的感知、想象、理解和情感。在审美过程中,感知因素通常起着先导作用,它是审美知觉的出发点。想象可以使旅游审美充分发挥作用,使旅游景观更加丰富多彩,可以使旅游产品品位升华。情感是人们对客观世界的一种特殊的反映形式,是人们对客观事物是否符合自己需要的态度和体验。对审美形象内容的理解是进行审美的不可缺少的环节。在乡村旅游产品开发中要通过在物质的方面增添精神层面的成分,在功利的方面增添超功利层面的成分,带动旅游运作系统对自身功利性进行超越,最终使旅游者体会到旅游提供的不仅仅是使用价值和供人生理需要的低层次满足,而是带给人们更高的精神层面满足的审美享受。乡村旅游产品的开发最终目的是实现旅游者对乡村旅游资源进行美学意义上的感知、体验、认同和联想,从而得到感官上、情绪上和心灵上愉悦和满足的过程,使得自然旅游资源形成的产品具有形态美特征(雄壮美、秀丽美、奇特美、幽深美、险峻美、旷远美)、色彩美特征、动态美特征、综合美特征,人文旅游资源形成的产品具有历史性特征、文化性特征、特殊性特征、愉悦性特征。

五、市场导向原则

乡村旅游的开发本身是一个经济过程。从乡村的角度来看,发展乡村旅游的一个主要目的就是为了推动乡村的经济发展,因此乡村旅游产品规划的最终目的是使得旅游产品能够顺利进入市场。这种情况下乡村旅游产品的规划就要紧紧地把握市场的脉搏,坚持市场导向原则,深入地洞察游客的实际需求,针对性地开发旅游产品。一般来说,乡村旅游产品开发坚持市场导向原则主要考虑以下两个问题。

一是旅游业的发展趋势问题。旅游业的发展趋势是乡村旅游产品开发的宏观市场环境。对于现代人而言,城市化进程的不断加快带来的是人们对于自然生活的向往,这也是乡村旅游逐步兴起的根本原因。而乡村旅游产品开发就要充分地把握这一特点,避免在旅游产品中表现出太多的现代化工业痕迹。

二是游客的行为特征。游客的行为特征是游客潜在需求的外在表现。例如,乡村旅游游客多以受过良好教育、经济条件较好的城市居民为主,这类游客的一个大特点就是不仅追求美好的自然田园风光,更重视田园风光给自己带来的精神享受。这种情况下乡村旅游产品就要不断地增加产品的文化含量,避免停留在物质层面。再比如乡村旅游游客的群体特征是存在很大差别的,有家庭式旅游、教育式旅游、老年休闲旅游、情侣观光旅游等,这就需要针对性地开发出不同的旅游产品。

对市场的准确把握是乡村旅游产品能够受到市场欢迎的基本保障,更是乡村旅游发展的主要影响因素。

六、文化导向原则

旅游活动本身也是一种文化交流的过程,旅游文化可以说是旅游业的灵魂。以乡村旅游为例,它不仅能够满足游客的一般性观光需求,更能够满足游客的故乡情结、怀旧心理和回归自然愿望。这是旅游者对农耕文化、民俗文化、乡土文化底蕴的追求和体验,这是人们对以往文化的留恋和不同文化的向往。因此,乡村旅游的开发要满足和创造旅游者的这些文化需求。所以,在旅游业的开发中要重视文化资源,在产品的开发中寻求文化差异、增加文化含量,通过精心设计和安排,将特色文化元素融入产品设计、旅游活动和旅游线路,形成文化竞争力,实现旅游产品价值的最大化,实现旅游者最高层次的文化满足。

七、以人为本原则

旅游者是旅游产品的主要使用者,如果旅游产品在设计时无法坚持以人为本原则,那么再好的旅游产品都无法得到市场的认可。这也就意味着旅游产品的设计必须站在旅游者的角度进行考量,主要体现在以下两个方面。一方面是旅游产品的内容设计要以人为本。市场上旅游产品众多,但是获得旅游者认可的旅游产品却寥寥无几,根本原因就在于旅游产品的设计过于理想化,或者说设计者在设计旅游产品时没有站在旅游者的角度进行考虑,忽视了旅游者对旅游产品的需求,从而出现了产品与需求背道而驰的现象。另一方面则是旅游产品的表现形式与价格要以人为本,乡村旅游地区需要准确把握自身客源的经济收入,针对性地制定出具有普适性的旅游产品价格。

八、整体性原则

旅游产品的整体性原则指的是在设计旅游产品时要考虑到该产品与其他产品的互补性,避免乡村旅游出现短板。虽然说乡村旅游主题的侧重点不同,但是设计出的旅游产品最少要涵盖游客的衣、食、住、行、购物、娱乐六个层面。同时不同的旅游产品也应当尽可能地根据旅游活动内容将观赏性、参与性、体验性、教育性等融合在一起。

九、产品差异性原则

人无我有、人有我优是获取市场竞争优势的重要方式。对于乡村旅游而言,近年来随着乡村旅游的兴起,旅游市场上旅游产品的种类也逐渐丰富起来,这种情况下旅游产品的设计就要将产品的差异性原则作为切入点,开发出具有特色的旅游产品。在实践中,旅游产品的差异性原则主要表现在两个方面:一方面是时间的差异性,即率先进入某一个产品市场,以先行者的身份出现,迅速地占领市场,然后不断地进行创新,保持自己先行者的身份;另一方面则是内容的差异性,即保证自己所推出的旅游产品具有不可复制性,这种不可复制性大多是通过技术要求、文化内涵等体现出来的。

十、参与性原则

随着旅游活动成为大众的一项日常活动,人们越来越不满足于以观光为主的旅游活动,取而代之的是追求参与型的旅游活动,反馈到乡村旅游上,指的就是乡村旅游产品必须重视产品的参与性,简单地为游客提供参观服务是很难获得游客认可的,而是要让游客在实践中亲自发掘旅游景观,获得精神上的享受。一般来说,乡村旅游的参与性大多是通过一些互动性活动项目来体现的。例如,在开发乡村旅游娱乐项目时只是设计一下项目的规则,项目则由游客负责执行,在乡村手工业品上鼓励游客自主制造自己心中的工艺品,为游客提供亲自参与田园农耕劳动的机会等。

第三节 乡村旅游产品市场需求分析

从我国的社会经济与乡村旅游的发展历程来看,在今后的很长一段时间内,乡村旅游需求将呈现出以下发展趋势。

第一,以放松精神、休闲养生为目的的乡村旅游将逐步成为旅游的主题,这与生活压力越来越大的现代生活方式有着十分密切的联系。

第二,在未来的一段时间内,以观光为主题的乡村旅游仍旧会占据很大的比重,原因在于当前我国的乡村旅游并没有进入"饱和期",很多地方的乡村旅游仍旧处于起步阶段,乡村旅游的开发以参观为主。

第三,游客的需求将会朝着多层次、碎片化、个性化的方向发展,这就意味着乡村旅游必须重视游客的个性化需求,传统的大众化旅游产品将会逐步失去发展空间。

第四,城市中高学历、中高收入的居民将会成为乡村旅游的主力军,这与这类群体较高的经济收入与固定的休息时间有着密不可分的联系。

一、根据身份特征划分的乡村旅游市场

根据年龄、职业、收入水平等身份特征,可以将乡村旅游市场划分为以下八种类型。

(一)青少年市场

青少年是我国社会的一个重要群体,他们是社会主义建设的未来,更是未来消费的主力军,因此青少年旅游市场一直以来都是一个巨大的潜在市场。对于乡村旅游而言,青少年旅游市场更为重要,原因在于以下几个方面:首先,与其他旅游形式相比,乡村旅游对青少年的吸引力更大,它同时兼顾了科普性、趣味性、参与性、环保性等内涵,能够在愉悦青少年身心的同时帮助青少年塑造正确的世界观、人生观和价值观;其次,对于家长而言,长期的城市生活使得他们很乐意花费一定的时间去让青少年接触大自然,而纯粹的自然观光旅游的风险较高,乡村旅游则不存在这种因素;最后,在时间上,乡村旅游所花费的时间往往较短,例如,农家乐一日游等,这与青少年的学习时间并不存在冲突。

(二)老年市场

进入 21 世纪以来,世界经济较为发达的国家普遍出现了人口老龄化危机,这种危机对于旅游业来说意味着一次巨大的机遇,它表明了银发旅

游市场正在不断地扩大。与其他类型的游客相比,老年市场在乡村旅游中具有以下几个优势:第一,步入老年阶段的游客大多数已经退休,这就意味着他们拥有更多的时间参与乡村旅游,同时也不缺少乡村旅游费用;第二,从人生经历来说,很多老年人是从农村走入城市的,对于农村生活先天就具有好感,因此在旅游时也倾向于乡村旅游;第三,随着城市化的进展,乡村与城市的距离逐步缩短,生活方式也比较接近城市,因此老年人长期居住在乡村并不会产生生活的不适,同时较近的距离也能够减轻子女的担忧。

(三)学生市场

学生市场是一个出游率巨大的潜在市场,一直以来学校都有组织学生进行春游、秋游的习惯,这从本质上来说也是乡村旅游的一种表现形式,如果乡村地区能够把握这些机会,那么就可以将学生市场纳入乡村旅游的范畴之内。

(四)都市白领市场

都市白领指的是那些学历水平较高、收入较高、工作时间较为稳定的一类群体,这类群体的一个显著特征就是追求生活质量,较高的收入决定了他们十分乐意尝试新鲜事物,而千篇一律的工作方式又加大了他们的工作和生活压力。因此,都市白领市场可以说是当前乡村旅游最大的潜在市场,农村良好的生态环境与独特的乡风民俗,对于日复一日过着单调生活的都市白领有着强大的吸引力,他们也比较喜欢花费一定的金钱体验农家生活。值得注意的是,都市白领的工作与休息时间相对较为稳定,但是除了国家法定节假日之外,都市白领的休息时间并不是很长,因此乡村旅游产品的设计应当以"乡村一日游"为主。

(五)家庭旅游市场

在我国,家庭旅游市场的潜力从旅游业的发展现状来看并不是很大,由于家长的工作时间与孩子的放假时间并不一定协调,因此家庭共同出去旅游的机会也不是很多。但是从国际旅游的发展历程来看,家庭旅游可以说是一个重要的发展趋势,许多家长都喜欢带着孩子旅行。因此,家庭旅游市场也具有一定的潜力,乡村旅游地区对此应当进行一定的准备,至少乡村旅游的特性决定了它很容易受到家庭旅游的青睐,例如,危险性小、交通便利、花费较低等。

(六)工薪阶层周末乡村旅游市场

实行每周5天工作制以来,人们的自由时间明显增多,给近距离旅游创造了很好的条件。随着交通状况的不断改善,城市上班族在周末走出城市、投身乡下已经成为一种时尚。为迎合这一潮流所做的乡村旅游开发,势必有很大的市场发展潜力。这部分客源的出游大多数是单位组织或以同学、朋友聚会的方式,数量通常较大,但消费不算很高。

(七)城市个体、私营工商、服务业的业主市场

这些比较富裕的游客群体到乡下去,除了放松身心外,主要是利用乡村的环境和地理优势,用以招待客户和联络感情。在出游形式上,这部分客户大多自己有车,经济宽裕,是目前乡村旅游非常重要的客源市场。

二、根据游客的心理需求划分的乡村旅游市场

可以说,每位游客选择乡村旅游的出发点都是不一样的,他们有着各自不同的动机和期望,而根据这种期望可以将乡村旅游市场分为以下六种类型。

(一)回归自然型

随着社会主义市场经济的不断发展以及城镇化建设进程的加快,城市居民接触大自然的机会越来越少,面对喧嚣的都市生活压力,城市居民开始向往和追求一种自然的生活方式,希望能够真正地感受到大自然的山山水水,这种需求从本质上来说是对人生价值的感悟,是从繁华到朴实的回归,是一种更高品质的追求。回归自然型的乡村旅游市场以这类游客为主。对于这类游客而言,乡村旅游地区只需要提供基础的衣、食、住、行服务即可,过多的人工雕琢痕迹只会影响他们的精神享受,例如,现代

的很多"驴友"就属于典型的回归自然型,他们不需要旅游地区提供多么便利的条件,只希望能够真正地感受到真实的大自然。

(二)缓解压力型

众所周知,在城市里每一个人都面临着事业或学业上的巨大竞争压力,快节奏生活方式使得每个人的生命之弦都时刻处于紧绷状态。这种情况下,绝大部分城市居民都处于亚健康状态,也催生了城市居民到偏远地区放松心情,缓解压力的旅游业务。

(三)取经学习型

取经学习型游客大致可以分为两种类型。一种是乡村之间的取经学习。部分乡村地区由于科学的经济发展对策以及得天独厚的资源环境,在诸多乡村之间成为领头羊,经济迅速发展,这种情况下其他地区的乡村为了学习特地组织团队进行参观考察,这些团队主要来自其他地区的乡村。另一种则是青少年到乡村学习。当前的青少年虽然早早地就接受了教育,但是对于乡村的了解主要是通过书本实现的,对于实际的乡村生活与文化并不是很了解,因此部分学校与家长为了加强学生的素质教育,专门组织学生到乡村体验生活,将乡村打造成学生的第二课堂,在拓展学生知识层面的同时,也培养学生高尚的道德情操。

(四)收获品尝型

当前市场上商品种类繁多,价格便宜,各种应季与反季节蔬菜水果屡见不鲜,但是越来越多的人开始尝试亲手去种植、去采摘,一方面是多次曝光的食品安全问题加大了居民的担忧,对市场上蔬菜水果的信任度开始下降,另一方面人们也增加了在劳动中体验收获的快感,因此到乡村地区种植、采摘、品尝型旅游活动开始兴起。

(五)运动养生型

当今,成年人不管属于哪个阶层,何种职业,都开始注重自身的健康问题。只有拥有强健的体魄才能不断进取,不断打拼。利用节假日的休闲时光,到乡下散心、健身、健美已逐渐成为一种时尚,乡村已经成为现代都市人心灵的桃花源。对于这类游客,到达目的地后停留的时间要较为宽松。

(六)缅怀岁月型

缅怀岁月型游客多以老年游客为主,这类游客大多生长于农村,后来移居城市,但是家乡的那种生活方式与民俗风情始终保留在脑海之中。在退休之前由于工作时间的限制,没有充足的时间去再次体验乡村生活,但是在退休之后越来越多的老年人选择在农村生活,一方面固然因为农村的生活较为平静,另一方面也与这些人的缅怀心态有着十分密切的联系。近年来,越来越多的人选择乡村旅游的一个主要原因就是缅怀往昔岁月。

第四节 乡村旅游产品开发的创新设计

一、乡村旅游产品的品牌建设

品牌是市场经济条件下最重要的无形资产,21世纪也是品牌经济时代,产品之间的竞争表现在品牌的竞争上。如何在乡村旅游产品市场中得到旅游者的认可,获得最佳经济效益,创建旅游产品品牌是关键,品牌的塑造是获得乡村旅游产品核心竞争力的重要手段。乡村旅游产品品牌的塑造要经历品牌主题定位、品牌设计和品牌传播推广三个阶段。

品牌主题定位主要解决乡村旅游产品的发展方向和主要功能定位。品牌主题定位要符合乡村旅游产品的内涵,要重视对乡村旅游产品特色的挖掘展示,因而要选择最具特色的旅游产品。品牌设计主要是为了在市场上获得与品牌主题定位一致的形象而对产品进行的一系列包装,以增强旅游者的感受和满意度及产品信誉度。一般要深入研究旅游产品的真正优势,通过一句精练的文字来体现,这句话能够把旅游产品的特色优势形象化地表述出来，同时文字要具备广告效应，能够打动旅游者的内心，激发其旅游动机，并易于传播和记忆。最后一个阶段是进行品牌的推广。提高知名度和注意力需要品牌的有效推广和传播，持续的促销活动能给现实和潜在的旅游市场造成强烈的视觉、听觉冲击，所以要采用报纸、杂志、电视、网络等媒体和多种促销组合手段，把产品品牌形象与内涵持久地传递给现实或潜在的旅游者，在受众中树立并强化乡村旅游产品鲜明的品牌形象。

二、乡村旅游产品主题设计

乡村旅游首先要做的是设定一个精练的主题，主题的设定是规划乡村旅游产品的关键所在。一般来说，科学的乡村旅游产品规划都是将一个固定的主题作为出发点，然后以主题为依托设计一系列乡村旅游产品。

对于乡村旅游产品而言，主题的最大价值在于以下三个方面：第一，主题能够保证乡村旅游产品的规划始终围绕共同的核心，避免因产品种类繁多分散游客的注意力；第二，统一的主题有利于乡村旅游地区更好地营造旅游环境与氛围；第三，旅游主题的设定往往与当地的风俗民情相关，这能够保证乡村旅游的特色，避免其他乡村地区模仿。在设定乡村旅游产品主题时，旅游地区可以按照以下三种方式结合自身的特色进行设定。

（一）以乡村四季风景为主题的乡村旅游产品设计

这里主要指在一定的地形范围内，利用并改造自然地形地貌或者人为开辟和美化地形地貌，综合植物栽植或艺术加工，从而构成一个供人们观赏、游憩的具有特定主题景观，达到游客欣赏自然、发现自然、感受自然的高层面的和谐氛围，使得自然资源的初级吸引力转变为更高层次的吸引力，凸显产品特色。

1. 田园之歌

在乡村的果园地区，以春花、夏果、秋叶、冬枝为主题。春赏花漫山野,夏品果熟田间,秋观红叶枝头,冬思枝横影疏,四季皆成美景。

2.休闲田园

把乡村一年四季的农事活动与田园情趣的参与和观赏连为一体,为游客提供农事活动的内容,如插秧、犁牛耙田、磨磨、车水、割麦、打场晒粮等,让游客亲身感受农耕文化,体验古代农民劳动的艰辛和快乐,还可设计花卉园艺观光园、蔬菜种植园、茶园、水乡农耕观光园、特种植物园、特种养殖园等。

3.生态园林

比如在开发"竹乡游"时,可以突出"做客竹乡农家,亲近美好自然"的主题,让游客吃竹宴,住竹楼,观竹海,坐竹椅,睡竹床,买竹货。

(二)以乡村实体景观为主题的乡村旅游产品设计

实体景观一直以来都是以观光为主,但是近年来实体景观旅游产品的设计也逐渐地多样化,最为常见的是根据景观的类型来针对性地设计出相应的旅游产品,从而增加旅游产品的内涵。例如,根据"桃李无言,下自成蹊"成语中"桃李"的象征意义来设计以学子谢师或者教师度假为主题的旅游产品,以此来吸引毕业考试之后的学生游客或者节假日期间的教师群体。再比如对"荷花"这一实体景观进行旅游产品设计,可以根据荷花的亭亭玉立、出淤泥而不染的特点来设计以医护人员高洁的品质为主题的"白衣天使游"旅游产品。

(三)以地方民俗为主题的乡村旅游产品设计

1.欢乐农家

欢乐农家产品的设计主要是以乡村常用的农耕与生活工具进行设计,例如,将乡村的织布机、石磨等与谷子、玉米放在一起,塑造一个传统的农家形象,游客可以在其中享受传统的农耕方式,感受收获的喜悦。

2.童真乐园

童真乐园顾名思义,主要是针对儿童游客设计的。该设计主要是利用城市儿童不常接触的乡村儿童娱乐项目进行布置,例如,踢毽子、推铁环、弹弹子、玩泥巴、踩高跷等。

3. 农家宴

农家宴这一旅游产品既凸显了乡村生活的特点,也为游客提供了饮食服务。例如,"田里挖红薯、村里吃土鸡",感受了一天的乡村野趣,再在田园茅草屋下吃上一顿地道的农家大餐,如米汤菜、红薯稀饭、土鸡土鸭,是既饱了眼福、手福,又饱了口福。在东北可以吃大锅贴饼子、"笨鸡"炖蘑菇、水豆腐、土豆炖茄子、山鸡等纯绿色食品。

4. 农家作坊

可以说几乎每个村庄都有自己的"独门绝活",对此乡村旅游地区可以充分利用,增设几处农家作坊,挖掘传统技艺,如弹棉花作坊、豆腐作坊、磨面作坊、铁匠作坊、竹刻根雕作坊等,展示各种已被现代文明取代的劳作方式,使游客可以欣赏乡村的古朴意味。

5. 农家听戏

在周末或节假日,可以在农田空地上搭建戏台,进行具有民俗特色的表演,如腰鼓、大头娃娃、跑旱船、秧歌、扇舞、戏曲等。

6. 民俗演绎

民俗演绎可演绎民间节庆的生活习俗。游客可以参与其中,扮演新郎、新娘或主婚人等,亲身体验坐花轿、游后山、抛绣球等活动。如春有"踏青节"为主题的民俗活动,夏有"七夕节"为主题的民俗活动,秋有"中秋节"为主题的民俗活动,冬有"闹春节"为主题的民俗活动。

7. 动物欣赏

虽然说与城市的一些养殖园相比,乡村的动物种类并不是很多,但是仍旧有其乐趣所在,对此可以设计观赏鱼类和农家小动物,如开展"好汉捉鸡"等活动。

8. 乡村购物

乡村购物也是一项可以设计的旅游产品,例如,每隔一天或者一周的赶集,固定时间的庙会等,游客可以在此购买民间工艺品、刺绣、瓜果、干果等。

9.节庆活动

乡村地区通过开展"乡村青年文化节"活动,组织推出一批学用科技、致富成才、民族团结、移风易俗、美化环境、文体活动等方面的品牌活动,有效带动乡村青年文化活动开展,丰富农村青年的文化生活为主题的乡村旅游。这些文体活动包括文艺演出(小品、相声、音乐、舞蹈)、健美操比赛、赛诗会、读书心得、知识竞赛、板报比赛、歌咏比赛、演讲会、青少年长跑、公映爱国主义影片等。

10.体育竞赛

开展乒乓球、篮球、排球、帆船、雪橇、滑雪等体育竞赛活动;拔河、赛龙舟、赛马、叼羊、竹铃球、射箭、舞狮、空竹、马球、捶丸、蹴鞠等民族传统体育活动;太极拳、气功、中国式摔跤、中国象棋、围棋等传统体育项目。

三、乡村旅游产品营销推广

第一,各地方政府在进行交流时要主动宣传自身的乡村旅游产品,政府应当积极学习,政府的主动宣传能够提高大众对乡村旅游产品的信任度。

第二,邀请旅行社与新闻媒体来进行参观是推广乡村旅游产品的一个重要途径,正所谓耳听为虚、眼见为实,旅行社作为旅游活动的发起人,新闻媒体巨大的影响力都能够帮助乡村旅游地区将旅游产品推广出去。

第三,在互联网时代,制作专门的形象与产品宣传片对于旅游产品的推广具有十分重要的意义,它能够帮助潜在客源更为直观地了解旅游产品,激发他们的旅游动力。

第四,将旅游产品的品牌在营销宣传册、形象宣传片、网站介绍、信息中心、旅游纪念品、旅游宣传品等地方反复应用,强化旅游产品形象。

第五,举办节事活动,参加节庆活动、展销会、博览会、旅游交易会。集中大量媒体的传播报道,迅速提升旅游产品的知名度和美誉度。

第六,邀请电影或电视剧的摄影组到景点来选取外景,优秀的影视作品会对旅游产品起到良好的宣传作用。

第七,通过专题新闻报告、电视风光专题、专题性学术会和电视综艺节目等多种运作形式,将旅游产品宣传出去。

第八,通过举办摄影、绘画、作文等系列比赛和优秀作品展览活动,或通过定期举行门票抽奖活动,使旅游与竞技、旅游与知识、旅游与幸运相结合,达到扩大景区影响、树立景区品牌、提高到访率和重游率的效果。

第七章 文旅融合背景下乡村发展策略

对产业融合理论研究的最终目的是指导实践,以推动旅游产业与文化产业的融合发展,取得良好的经济效益和社会效益。通过对文化产业—旅游产业融合的动力机制、融合模式的研究,结合影响融合的关键要素和融合现实,提出文化产业—旅游产业融合发展的对策。

第一节 借力文化旅游产业园区

基于国家对文化产业和旅游产业的发展方向和政策导向,文化产业—旅游产业融合适应性的文化旅游产业园区应运而生。文化旅游产业园区是指在文化底蕴深厚、创意含量丰富的特定空间内,以文化创意构成旅游吸引物,以满足游客"一站式体验"需求为标准,打造完整的旅游及其相关产业链,从而形成的旅游景区、企业及相关部门的空间集中和功能集聚区。

一、文化旅游产业园的核心属性、特征和范围

我国各地文化旅游产业园区如雨后春笋般建立起来,许多城市都提出了建设"文化旅游产业园区"的目标。什么样的园区算得上是文化旅游产业园区?文化旅游产业园区与经常提到的文化产业园区相比有什么特征?如何打造或者创意构建文化旅游产业园区的独特价值?具体可以从以下几个方面进行。

(一)文化旅游产业园的核心属性和内涵

文化旅游产业园是一个以游客为主要服务对象,以文化观光及游憩体验为核心属性,具有文化休闲与创意、旅游观光和体验、度假疗养、会展

科教等多种功能的区域。

文化旅游产业园区的内涵至少应包括以下四方面内容：①以某种历史文化积淀和时尚文化资源禀赋为依托,以旅游为主导,以文化旅游产业作为园区的核心和支柱产业,开发相关的系列文化旅游产品；②目的是满足当地居民及外来旅游者特定的文化和休闲需求；③反映的是地域特殊的文化、社会与经济需求；④有其特有的运行机制,园区的组织管理是通过专门的管理协调机构来进行的。

(二)文化旅游产业园特征

文化旅游产业以营造文化氛围、创造文化体验为基础,是标准的融合性产业。在旅游产业集群化发展趋势以及旅游产品越来越呈现出文化产业特点的背景下,文化产业与旅游产业的融合产生了文化旅游产业,而文化旅游产业在特定空间的集聚构成文化旅游产业园区。

不难看出文化旅游产业园区呈现以下三个特征：①创意吸引物是核心。创意是文化旅游创意产业园区形成的基础,"创意火花"为旅游产业与文化产业的融合搭建桥梁,构成园区的核心吸引物。②"一站式体验"是重点。文化旅游产业园区的吸引物或产品较之传统的旅游吸引物,更加注重探究旅游者的深层次需求,园区以创造"体验"来吸引消费者,使游客进入园区后"吃、住、行、游、购、娱"所有的需求都能得到满足。③产业链是延伸。文化旅游产业园区不仅涵盖旅游产业中的六大行业要素和核心的文化创新要素,而且带来了旅游地产、艺术创作、建筑设计、文化教育等相关产业的发展,从而促进了旅游的发展与科技、文化、艺术、生态等多个领域的产业要素有机整合与空间及功能集聚。

(三)文化旅游产业园的产业体系与范围

文化产业和旅游产业相互紧密关联,同时又具备与其他产业强大的耦合性,文化旅游产业园区就是以某种文化为主线,以文化产业和旅游产业为支柱产业,从产业、商业、旅游、地产、景观等多种维度打造的多功能产业空间。文化旅游产业园从本质上来讲是一种旅游地产在政策导向下的新模式,是"文化＋旅游＋地产"的三位一体的联动开发模式。文化是统领,是整个园区发展方向的灵魂,旅游是拉动,能够促进产业发展,提升城市形象,实现人气聚集,而地产则是园区开发建设的重要保障。这种"三位一体"的开发模式实现了产业间的相互补充和支撑。文化旅游产业园内的产业体系要形成以旅游为主导的现代服务业和文化产业结合的泛旅游概念,包括文化主题公园、文化旅游景区、文化旅游创意、文化旅游线路、文化旅游商品或文化旅游纪念品、文化旅游传播、文化旅游开发、文化旅游休闲、文化表演、文化旅游娱乐、文化旅游保护及文化旅游传播、娱乐配套设备及用品的生产经营等。

二、文化旅游产业园区的"钻石模型"

使命或目标决定事物的存在,运转良好的文化旅游产业园不在于其外在形式,关键在于其使命或目标是什么。文化旅游产业园的根本使命或目标是推动文化旅游产业的集聚发展,实现文化旅游创意、文化旅游资源等产业要素的附加价值和规模效益。

文化旅游产业园区的核心要素是产业集聚和融合。文化旅游产业园是文化旅游产业集聚和融合的外在形态,是创造文化旅游产业竞争优势的空间载体。产业集聚和融合是多种要素综合作用的结果,形成要素的"钻石模型"是实现产业集聚和融合的重要前提。他认为,一种产业或一个企业的竞争优势有两种基本形式:一种是成本领先,另一种是差异化。而作为高层次的形式,差异化竞争优势需要"钻石模型"中各种要素相互配合才能形成。

作为文化旅游产业集聚和融合的产物,文化旅游产业园的发展也是多种要素综合作用的结果。在文化旅游产业集聚和融合过程中,生产要素主要是资源基础和创意,企业战略、企业结构和同业竞争主要关系到形成文化旅游品牌等核心竞争力,需求条件主要是市场或者消费者的需求,而相关与支持性产业就自然是如何形成好的产业链条。由此,要形成好的产业链条,就必须有资源和创意、文化品牌、市场需求等相关要素的支持和配合。

作为文化旅游产业园区,其产业集聚和融合的基本形态是产业链。产业链经营是文化旅游产业园的基本商业模式。文化旅游产业园之间的竞争不是企业与企业之间的竞争,而是产业链与产业链经营之间的竞争。文化旅游产业园的建设要通过构建产业链来实施差异化竞争,提升文化旅游产业园的竞争优势。如何构建产业链,这就需要充分考虑文化旅游产业园产业链构建的相关因素。

三、文化旅游产业园区发展要素

在泛旅游产业体系的支撑下,文化主题、文化旅游吸引物、文化旅游设施、文化旅游服务、文化旅游开发投资等只要与文化旅游相关的领域都可作为文化旅游产业园的发展要素。通过以上对文化旅游产业园区内涵的解读,根据对于多个文化旅游产业园区项目的总结,成功构建文化旅游产业园区需要根基于七大要素:文化主线的选择与定位;整合资源,塑造园区产业驱动力;文化旅游产业要素体系构建完备;创新文化旅游体验模式;创意文化旅游产品;强化营销策略整合;构建全新管理融资机制。

(一)文化主线的选择与定位

文化旅游是通过文化内容创新和旅游项目开发来满足消费者"求知、求新、求奇"需求的,因此,特色是文化旅游的灵魂,文化是特色的基础。文化资源是文化旅游产业园区的特色,独特的文化内涵也是吸引游客的核心所在,在构建文化旅游产业园区之前,必须对选址地的历史、旅游资源进行分析,深入挖掘文化资源并对其进行再塑造,利用现代的、创新的、商品化的手法,通过文化主线的选择和定位,确定整个文化旅游产业园区的发展方向。

(二)园区产业驱动力的塑造

在文化旅游产业园区的打造中,一个或两个核心项目难以承担区域产业驱动力的重任,必须整合区域内资源,在整个园区范围内通过策划创意构筑具备国际性、前瞻性、市场吸引力的1~2个具有文化主题的体验项目和吸引社会关注的大型旅游项目,迅速聚集人气,形成市场引爆点,为整个园区的顺利打造创造良好的市场和产品基础。

(三)文化旅游产业聚集要素完备

一系列文化旅游产业要素是文化旅游得以优化和提升的重要基础，在文化旅游产业聚集的打造过程中，要对文化旅游产业链上的每个环节进行整合思考，系统配置各要素节点关系，才能形成完整的产业聚集与社会经济全面发展的解决方案。因此，文化旅游产业园内要素体系的建设应以文化旅游体验为核心，从硬件和软件两个方面完善提升餐饮、住宿、交通、购物、娱乐等设施，拓宽产业要素和配套工程体系，与社会经济文化资源全面结合，形成集"吃、住、行、游、购、娱、体、学、疗、悟"于一身的完善的产业要素体系。

(四)游憩体验方式的创新

文化旅游产业园区能否快速可持续发展的关键在于文化旅游产品和项目是否极具特色的观赏性和旅游体验价值，即如何通过游憩方式的创新，让游客通过视觉、味觉、嗅觉、听觉等全方位的参与或体验，充分理解旅游产品的内涵和特色，满足体验经济时代文化旅游消费的深度需求。

(五)创意构建文化旅游产品

中国旅游产业发展正在经历从资源导向到市场导向的转型，现在又被纳入文化创意产业。在这个发展阶段，资源已不再是文化旅游发展的决定性因素，需要用创新思路和理念指导产业开发方向，挖掘、整合和激活资源的"文化精神"。

文化旅游产业的经济价值取决于资源的文化价值、现代科技和生活时尚，三者缺一不可。文化元素一旦与现代科技和时尚生活相结合，就会产生巨大的社会影响力。文化旅游产业园区内的产品体系是文化创意产业与旅游产业的集合体，应符合国家政策，遵循文化产业规划要求，利用旅游产业的集聚性和强带动性，发展和打造文化旅游创意产品。

(六)创新管理融资机制

借鉴成功文化旅游产业园区的范式，运用"管委会＋公司"的模式对园区进行管理运营相对比较有效。管理委员会对园区实行封闭式管理，并在城市总体规划框架内，负责园区内土地审批、规划、开发、建设、收益等。发展文化旅游产业园区，要采用市场化运作方式，组建文化旅游产业投资公司作为平台实施市场运作，在不受行政区域限制的前提下，依托那些具有或经过包装后具有商业开发价值和盈利空间的资源积极策划相关项目，编制局部发展规划，实施产业开发。

投融资机制的创新需要从文化旅游投融资、经营运作、人力资源建设、市场保障体系建设、资源保障体系五大层面对整个区域的开发给予全面保障，要建立投入机制，制定科学的投融资优惠政策，采取财政投资和筹措资金相结合的方式，加大投入力度，配套完善园区基础设施；包装开发条件相对成熟、市场前景优良的重点项目，吸引企业投资，促进"投资—效益"的良性循环，从而实现对整体区域的有效开发；坚持政府主导下的市场化投融资机制，制定优惠政策，加大招商引资力度，吸引各种外来投资，建设重大文化旅游项目，促进文化旅游产业园区大发展。

四、文化旅游产业园区开发主流模式

作为一种实践早于理论的新兴文化旅游产品的集聚区，文化旅游产业园区的开发是在文化企业、旅游企业、开发商等各方面相互探索的过程中形成的。虽然文化旅游产业园区的构成要素存在相似之处，但在具体的开发模式上却表现出较大的差异性。从"一站式体验"的角度出发，在对典型案例实践进行深入分析的基础上，归纳总结出我国文化旅游产业园区开发现有的五大主流模式。

（一）影视基地模式

影视基地模式是指将静态的影视基地旅游资源经过创意活化，让游客体验影视角色参与、影视独立创作、影视文化主题教育，形成的影视旅游一站式观光体验活动区。此模式下的建设重点是通过影视主题街区的打造，提供高品位的休闲、娱乐、地产及教育培训服务。在影视基地内不但有游客的影视体验观光，更主要的是带动包括录影带、剧照、影视服装等影视关联商品的销售,融餐饮、住宿、娱乐为一体的影视酒店或影视人俱乐部,酒吧、茶座、特色店的发展。

(二)动漫基地发展模式

1.创新"快热"模式

如何缩短投资回报期？如何实现快速人气聚集和盈利支撑点？如何实现前期稳定经营,中期扩大研发,远期可观回报的运作目标？可以采取前期由体验式旅游及产业效应整合形成的快速盈利结构,进而通过品牌的树立和进一步的包装融资,实现园区资金、研发力量、生产技术和创意能力的大幅提升,结合投资主体的自身优势,逐步实现核心产品,如卡通片、动漫读物、影视作品、网络游戏等的直接盈利;这个阶段也是体验式旅游和动漫产业互动的高速发展期,产品的市场效应带来大量玩家和游客,同时带动了相关衍生品的生产和销售,这就是启动和相互提升的"快热启动"动漫园区发展模式。

2.跨越动漫,多产业链动整合

动漫在快速的社会形态演化中成为拥有聚集能力和社会推动效应的一个催化结构,从动漫爱好者群体,到玩家俱乐部,再到巡回世界的网游竞技高手和专业的Cosplay演出团体,它的渗透已经超越了文化产业的范畴。

动漫产业和旅游及泛旅游产业在市场受众、内容表现、产业链接上有一定的重叠,规划设计动漫产业园区,不应只在动漫产业的高度,而应在产业和产业链整合的高度。在此视角下,进行动漫与体验式旅游、泛旅游产业、房地产业等跨行业的整合,即以体验式互动、参与、销售、游乐等为切入;以节庆、会议会展、特色观光等泛旅游产品为带动,在园区的基础上,可以拓展建立多功能,特色化的动漫社区、动漫小镇及动漫之城,并以此作为动漫研发、教学及生产的重要配套和互动基础,解决了动漫产业园区,产品生产周期长,研发成本高,收益期无法预估等多方面问题。

动漫产业园区的发展,应当整合旅游,特别是结合本地的旅游资源,实现前期动漫旅游客源的基础,并结合产业发展要求,进行会议、会展、节庆等泛旅游产品的开发，实现动漫产业园区的动态均衡发展，降低投资回收风险。

3. 设计时尚的体验式动漫旅游产品

设计体验式动漫旅游项目，它不同于主题公园，是与动漫产业发展紧密联系，最终服务于其市场的培育、品牌的建设及产品的推广与销售，即旅游项目本身是动漫产业的先期盈利终端。

4. 以旅游快速撬动动漫产业园发展

通过整合区域旅游市场资源、环境资源和人文资源，形成山水景观环境、休闲生活方式、个性品牌销售、超级玩家人气为基础的体验式动漫世界，通过动漫节庆、行业商务集会及对外商业配套等产品的开发，推进动漫体验、动漫旅游，及后续动漫培训、研发、生产等产品之间的良性互动，短期内形成良好的投资环境，形成竞争力及品牌效应，以此带动新一轮的融资和产业升级。在目前动漫产业发展的热潮下，国内、国外资金纷纷涌入，各地动漫蓬勃发展的大环境下，可以通过跳出动漫，依靠旅游作为杠杆，撬动与之关联的地产业、泛旅游业及其他商业的发展。

(三) 艺术园区模式

艺术园区是指艺术家和商业文化机构成规模地租用和改造因历史原因留存下来的城市工业空置厂房，使其发展成为集画廊、艺术家工作室、设计公司、餐饮酒吧等于一体的具有一定规模的融入旅游活动的艺术创意集聚区。集聚区内的闲置厂房、废旧设施经改造后，成为新的建筑艺术品，继承了城市的历史文脉，形成了城市发展新的范式，既是实用的体现，又达到了审美的效果。艺术园区内所形成的具有国际化色彩的"SOHO式艺术方式"和"LOFT生活方式"成为城市旅游的新兴吸引物。艺术园区模式是当代艺术、建筑空间、文化产业、历史文脉及城市生活环境与城市旅游的有机结合，带动了艺术设计、工业生产、装饰展览、主题地产等相关产业的发展，给城市旅游发展带来了新的亮点。

(四) 新兴历史街区模式

新兴历史街区模式是指在旧城改造的过程中，作为文化传承的老建筑、老街区不是被习惯性地拆除，而是通过以全新的生活体验为旅游创意,使其成为新的街区、焕发新的生命,从而成为吸引游客的新亮点。历史街区旅游发展以"主题"作为整个项目的主线,开发之初就需要提炼出该街区的主题文化,围绕主题文化开发出系列组合性产品,在经营中形成链条式经营模式。多样化和差异化是文化旅游项目产品设计的关键所在。行、游、住、食、购、娱,旅游的六个要素都需要围绕街区主题文化展开,让游客的各个感官都能体验到街区主题文化。

(五)文化科技模式

集文化创意产业与高新科技产业为一体、文化产业与旅游产业相互交融、和谐共存的新型经济园区,它是一种介于政府、市场、企业之间的新型社会经济组织和企业发展平台,通过提供一系列新创企业发展所需的管理支持和资源网络,帮助初创阶段或刚成立的相对弱小的新创企业,使其能够独立运作并健康成长。园区内聚集了高科技企业、文化企业,园区个性和特色鲜明,创意人群聚集较多,园区利用历史沉淀、建筑外观与内部装饰、企业文化、园区生活形态,形成了综合旅游吸引物。

文化与科技的结合,一方面提高了文化产业的科技含量,丰富了文化产品的表现形式,从而提高了文化产品的附加价值;另一方面,也提升了科技产品的文化内涵,拓展了市场,从而也降低了发展风险。

(六)主题公园模式

主题公园作为最先兴起的文化旅游产业,它的开发建设可以看作是文化旅游产业园区的早期代表。文化旅游主题公园模式并非指一般意义上的旅游主题公园,而是经过创意整合后的,为了满足旅游者一站式、多样化休闲娱乐需求而建造的,具有创意性和策划性活动方式的现代文化旅游目的地。其充分利用主题品牌和环境效益,带动地产、影视、传媒等关联产业的发展,形成非常完善的主题公园产业链。

五、文化旅游产业园区开发对策

(一)以创意为核心,体验为理念

创意是文化旅游产业园区形成的基础,旅游核心吸引物是文化旅游产业园生命力所在。文化旅游产业园需整合具有鲜明地方特色的历史文化资源,运用新思维、新主题、新体验,围绕文化主线打造创意性旅游项目,为既定的资源或艺术形式注入生机与活力,实现文化体验与旅游资源的完美结合;要以创意而非现存的景观为基础,旅游活动经营者要以主动创设的某种观赏对象和娱乐样式为先导,借助文化旅游新业态载体向消费者提供服务。

(二)构建大产业体系

以旅游产业、文化产业作为主导,复合其他相关产业,旅游产业和文化产业之间相互转换、相互影响、相互驱动,最终相互融合。在产业融合作用下形成多种新的业态、新的产品,既能够带动旅游的综合消费,又能提升文化产业的附加值,延伸产业链条,拓展产业空间,真正实现产业之间的互融与共荣。锁定产业需具有关联性、互补性、共生性,既要符合文化旅游市场需求特征,又要立足产业发展趋势,具有前瞻性,各产业相互链接并促进整个园区良性发展。

(三)创立多元盈利模式

文化旅游产业管理和运营有着一定的公益性,其产品化、消费化的过程也是文化产业化的过程。盈利模式的设计是项目开发的重要环节。构建文化旅游经营项目盈利、项目品牌盈利、项目价值盈利的三大盈利模式,不仅确保了项目快速回流资金、降低项目投资风险的需求,也保障了项目长期、持续的现金流以及无形资产和有形资产的升值。三种盈利模式相互影响和优化,实现了项目整体的盈利最大化。

(四)打造文化旅游目的地

文化旅游产业园区开发建设的最终目的是要通过发展文化旅游产业,带动社会、经济、文化的全面发展,建设一个成熟的、一流的文化旅游目的地。文化旅游产业园区应从以下几个方面来提升整体素质:首先,旅游六要素全面发展,规避旅游"木桶定律",全面满足游客需求;其次,园区要形成成熟的文化旅游创意产业链,不但要有旅游企业与文化企业的空间集聚,更要有产业的高度融合;再次,园区的选址要注重发挥区位优势,包括对外交通、与目标市场客源地距离、区域基础设施状况等;最后,园区要有良好的社会经济大环境,包括市场开放、法律政策、政府扶植、社区参与等。唯有如此,文化旅游产业园区才能成为地区的名片、产业发展的引擎、社会的凝聚剂和文化的升华剂。

第二节　探索旅游演艺新模式

一、文化旅游城内涵

文化旅游城是基于一定的文化旅游创意与土地基础,以文化旅游休闲和游憩为导向进行土地综合开发而形成的,以互动发展的度假酒店集群、综合休闲游乐项目、休闲地产社区为核心功能构架,整体服务品质较高的文化旅游休闲聚集区。文化旅游城是旅游综合体和城市综合体的升级和扩展,融合了城市综合体和旅游综合体的功能。

旅游综合体的概念源于城市综合体,而城市综合体的概念来自建筑综合体。建筑综合体是指由多个使用功能不同的空间组合而成的一种综合建筑,与传统功能单一的建筑物相比较,建筑综合体是在建筑体内将城市活动涉及的办公、住宿、餐饮、商业等多种功能进行有机融合,形成的一个分工合理又联系紧密的多功能大型综合建筑单体。而城市综合体是指都市中融合了商业、住宿、办公、娱乐等多种复合功能的街区群体,是城市发展与城市功能高度聚集的产物。与城市综合体和旅游综合体区别的是,文化旅游城是一个扩展和集聚城市功能的休闲游憩地带。无论是基于哪种原因形成的文化旅游城,其功能都有鲜明的倾向性,将文化旅游休闲活动作为核心吸引物,将餐饮、住宿、购物、运动、娱乐、游览等多种功能集聚到一起的多元空间复合产物,即形成以文化旅游功能为主导的休闲游憩地带。文化旅游城由于区位及功能定位的不同,以区域内完备的文化旅游产业链及多样化的服务设施为主要文化旅游吸引物,吸引度假者或观光游客,同时融入当地居民的生活,成为当地居民日常休闲娱乐的理想去处。

二、文化旅游城目标——"一站式体验"

"一站式"服务是指:在"一站式"范式之下,一个顾客所有的业务都能够在一个单一的接触中完成。旅游产品是旅游经营者向游客提供服务的过程，旅游产品的"一站式"服务要求游客的所有需求能够在设施相对集中的特定区域内得到配套满足。"一站式体验"是以产业聚落理论为基础，以"一站式"服务理念为背景，在旅游体验经济发展的实践过程中发展形成的。产业聚落理论强调同一产业集中可以导致集聚溢出效应或区位适宜。具体到文化旅游产业，游览体验对象、管理部门、服务企业、开发商等的集聚能够产生规模效应形成园区；另一方面，园区产业链的本土化导致了产业配套，形成了旅游景区聚落。

综合产业聚落、体验经济和"一站式"服务理念，可以对文化旅游城的"一站式体验"做如下界定：文化旅游城在提供文化旅游服务的过程中，以游客为中心，以体验塑造为理念，通过区域内旅游景区、管理部门、相关企业、开发商等的高效合作，为游客提供全方位、无缝隙地"一站式"服务的过程。文化旅游城是集生活和工作、文化产品生产和消费于一体的场所，有多样化的宽松环境，能给城市带来新异的地方。正是通过其创新性，为原有的城市景观增添了新的内涵。

三、文化旅游城特征

文化旅游城的出现是"文化旅游消费模式升级、文化旅游景区发展模式升级、地产开发模式升级"三大升级共同作用的结果，也将成为推动我国文化旅游产业再次升级的重要模式，它的核心特征有以下几点：

(一)文化旅游创意与土地为基础

这是文化旅游城打造的前提所在，特别应当注意的是，文化旅游创意是文化旅游城发展关键，如何将区域自然资源或人文资源转化成具有独特吸引力的文化旅游产品是其核心指向。土地资源取决于运作方的土地获取能力、资金实力等，最终土地资源的多少直接决定了文化旅游城的规模大小、产品配比结构。

(二)文化旅游休闲游憩功能为主导

以休闲游憩功能为主导是文化旅游城的核心特征，在文化旅游产业综合发展框架下，游乐、康体、度假、购物、会议、观光等多种功能，在具体的项目开发中,各种功能不能仅是简单的堆砌和杂糅,而应根据具体情况,侧重打造其中某一项或几项功能。

(三)土地综合开发为手段

文化旅游城本质上就是以文化旅游产业为导向的土地综合开发利用的一种手段,其目标是通过综合开发,进行多功能、多业态的集聚,以文化旅游发展提升土地价值、推动衍生产业发展、多元文化互动,最终实现开发回报的最优化。

(四)休闲地产产品配套

休闲地产产品除了包含度假酒店地产、休闲商业地产、休闲住宅地产三大核心类别之外还包括其他诸如创意地产、养老地产、学区地产等的特色主题地产,这一部分是文化旅游城项目开发中的利润供给点、重要的资金平衡点。

(五)高品质服务为保障

作为文化旅游开发的升级模式,文化旅游城必须拥有超越一般景区的较高品质的服务作为保障,才能够实现良好的运营,才能有效发挥产业聚集效应。

(六)高风险高收益性为特点

文化旅游城项目一般规模比较大,其建设资金、运营资金、品牌发展资金等需求大,投资商投资回收周期长,受周边经济环境、交通、人流乃至政策的影响,因此文化旅游城经营的风险大。但是,随着传统大众观光旅游向大众休闲度假旅游过渡,文化旅游城开发投资中又蕴含着巨大商机。

四、文化旅游城开发模式

(一)综合打造为指引

综合打造的导向既是文化旅游城的核心特征,也是打造文化旅游城的第一要领。实际上包括四个方面:①土地的综合开发。旅游休闲导向型的土地综合开发是文化旅游城打造的本质所在,所谓"复合型资源、综合型利用"的思想,具体指对当地的自然、历史、文化、生态、物产等各个方面进行开发,整合出独特的资源魅力,在此基础上开发休闲、度假、娱乐、运动、体验等多种功能,针对不同的市场体现不同主体功能。②产业的综合发展。文化旅游城是从单个旅游项目到综合旅游聚集区的转变,囊括了地产、贸易、会展、创意、体育、文化等在内的泛旅游产业的综合发展架构,不同的文化旅游城产业侧重有所不同。③功能的综合配置。文化旅游城区别于传统旅游景区的特色就是聚集了多种旅游功能,实现了多种功能的复合与有效配比。④目标的综合打造。一个成功的文化旅游城,实际上完全有可能发展成为"城市特色功能区、旅游休闲新地标、城市文化新名片",这是一个综合目标的构架,已经超越了一般文化旅游园区的层面。

(二)定位突破为先导

目前众多旅游投资企业逐步涉足文化旅游城开发,势必导致未来竞争的激烈性,所以文化旅游城开发首先需要定位的突破,主要包括两个方面:①区域功能定位。即在区域旅游一体化的结构中,发挥自身的比较优势,明确自身在区域发展格局中的定位,这是文化旅游城市进大区域旅游发展的必要条件。②开发主题定位。即要面向市场需求创造差异化的吸引力与感召,整合自然旅游资源、文化旅游资源和社会旅游资源,凸显比较优势,形成一个独特性的主题,要找到"文化旅游城"打造的主线,这个主线将指导文化旅游城个性文化与特色意境的构建,是非常重要也极具难度的环节。

(三)功能构架为核心

功能构架的确立是文化旅游城打造的核心所在。文化旅游城在功能构架上要充分研究其主要作用、内在关系和互动模式。实践证明,任何一个成功的文化旅游城,在功能构架上无不是由"核心吸引中心、休闲聚集中心和延伸发展中心"三大部分构成。开发文化旅游城,实际上就是要"打造核心吸引中心、构造休闲聚集中心、创造延伸发展中心"。

1.打造核心吸引中心

打造核心吸引中心是面向市场需求,创新整合开发核心资源,创造一个或多个独特的核心吸引物,这是创造核心吸引力的基石所在,可以是一个或多个核心旅游休闲项目。如观光景区、主题公园、温泉养生中心、赛马场、影视城、特色街区、高尔夫球场、特色酒店等。核心吸引中心的打造是吸引人流、提升土地价值的关键所在。这是文化旅游城打造的关键,必须对旅游产品有着深入研究与创新才能实现。

2. 构造休闲聚集中心

构造休闲聚集中心是为满足由核心吸引物带来客源的各种休闲需求而创造的综合休闲产品体系,是在泛旅游产业构架下各种休闲业态的聚集,包括主题酒店群、主题演艺、水上游乐项目、滑雪场、马球场、温泉SPA等。核心吸引物把人流吸引进来,形成了最初的消费,但要留住人流并扩大其消费,就需要创造更多的休闲产品,激发并满足人流的休闲消费需要,让其成为旅游休闲目的地,即构造休闲聚集中心。总之,休闲聚集中心是文化旅游城的主体功能部分。

3. 创造延伸发展中心

创造延伸发展中心主要是延伸发展地产业、泛旅游产业、现代服务业等相关产业。对于文化旅游城,要真正获得土地开发上的巨大回报,必须进行延伸发展,主要是休闲地产社区、会议会展和文化创意产业的开发,以及现代农业、现代服务业的开发等,终极形成一个泛旅游产业的发展构架。在目前没有更好的商业模式下,地产是弥补旅游微利状态的较好抓手,尤其休闲地产是最重要的延伸发展中心,包括高端居住小镇、度假公寓、养生社区、研发区、文化创意产业园区、企业总部基地等多种形态。

(四)操纵运营为支撑

鉴于文化旅游城开发的复杂性,其对运营的要求也极高,具有相当的难度。在开发文化旅游城时,投资方应注意以下两个问题。

1. 寻求专业化、落地化的高水平智力支持

文化旅游投资市场由于竞争的激烈,从前期拿地到实际开发,都需要高水平的开发方案,这决定了开发企业必须十分重视文化旅游城开发方案的编制,即从策划、规划、设计到运营咨询,在实际操作中要靠高级人才的支持来实现。对于复杂的文化旅游城开发所聘请的高级人才应当具备以下两项能力:首先应具备多专业配合的团队构架。熟悉文化旅游产业的团队,特别是拥有文化旅游产品、度假酒店、休闲地产、投资运营和土地综合开发的专业人才。其次应具备全程化咨询的服务能力。具备从创意

策划到落地运营的综合能力,因而能够落地的规划设计机构必须是策划、规划、设计、运营咨询一体化的构架。

2. 选择特色化、创新化的高水准运营模式

真正的文化旅游城,对文化旅游综合运营的要求非常高,要体现全局性、长期性、品质性,在实际的操作中有两条途径能实现:一是独立开发独立运营的模式。在全国能够这样做的企业寥寥无几,主要是大型文化旅游企业或已经转型文化旅游领域多年的大型地产企业。二是统筹开发合作运营的模式。这里面就会形成一个新的运营主体——文化旅游城运营商,类似于城市运营商、区域运营商。文化旅游城运营商主导地块的规划与开发,还是一个招商平台、融资平台、营销平台,做一级半开发,即开发并独立运营自身比较擅长的项目,除此之外的其他项目通过战略合作方式来落实运营,例如,酒店、商业街、娱乐项目等。

第三节 推进文化旅游产业集团化建设

文化产业—旅游产业融合的最终结果就是通过产业融合,产生一大批具有更强产业竞争力的文化旅游产业集团。这种大型产业集团集文化创意、产品开发、产品销售、旅游服务及文化之间的交流于一体,在国内外塑造品牌优势。为更好地实现文化产业—旅游产业融合发展,应积极推进文化企业、旅游企业的制度创新,推动文化企业、旅游企业间重组,确保大型文化旅游产业集团的形成,并从事多元化的文化旅游产业经营,以便更好地发挥文化产业和旅游产业间的协同效应。

一、文化旅游产业集团化的界定

文化旅游产业集团化是指以核心文化旅游资源为主体,通过资本纽带或者协作经营关系等方式,从事文化旅游服务经营活动的各种组织的结合体。旅游集团作为一种产业组织形式,相对于单一的旅游企业,规模更大、竞争力更强。

狭义的文化旅游产业集团化是指由众多文化旅游企业共同组成的文化旅游集团公司。这种形式的集团化,可以使文化旅游企业集团拥有雄

厚的资金,在贷款、融资方面具有明显优势。

广义的文化旅游产业集团化还包括基于某一核心文化资源,引导文化产业、旅游产业和相关产业及配套设施和服务,按照专业化分工和协作关系,共同形成的互相联动的复杂系统。这种形式的集团化可以帮助文化旅游企业共享服务资源,提升区域文化旅游吸引力,促进各种资源的优化配置,从而增强区域文化旅游产业的竞争力。

二、文化旅游产业集团化的分类

为了更明确地认识文化旅游集团的内涵,可以从不同角度来分析文化旅游集团化的类型。

(一)政府主导型文化旅游集团和市场推动型文化旅游集团

文化旅游产业的集团化是为了推动文化旅游产业组织结构优化发展的必要手段。因此,按照推动文化旅游产业组织结构优化发展的主体不同,可以分为政府主导型文化旅游集团和市场推动型文化旅游集团。

政府主导型文化旅游集团是基于文化旅游产业发展的要求,政府主动出面参与或指导文化旅游集团的组建。一般包括两种形式:一种是政府通过对国有文化企业、旅游企业的改造,实行全资注入、兼并改造和特许经营等方式在短时间内实现文化旅游企业的集团化;另一种是政府出面调和与组织当地文化企业、旅游企业通过契约关系组建文化旅游企业战略联盟组织。

市场推动型文化旅游集团是文化产业、旅游产业发展到一定阶段,完善的市场体制已经建立起来,由产业发展的内在规律引起的文化旅游资源和要素向规模大、效益好的大型企业集中融合的过程中形成的文化旅游集团。一方面,文化企业、旅游企业通过自身的发展,规模不断扩大,通过兼并、投资入股等方式实现文化旅游企业集团;另一方面,文化企业、旅游企业面对市场激烈的竞争,自发地兼并或者联合组建文化旅游集团。

(二)资本运作型旅游集团、资产管理型旅游集团和战略合作型旅游集团

按照文化旅游集团的组建方式,可将文化旅游集团分为资本运作型、

资产管理型和战略合作型文化旅游集团。

资本运作型文化旅游集团是文化企业、旅游企业凭借自身的经营优势和经济实力,在资本市场和其他产权交易平台上,通过发行股票、兼并收购、交叉持股、资产重组等方式建立的以资产关系为纽带的文化旅游集团。

资产管理型文化旅游集团是文化旅游企业通过自身的经营积累缓慢发展的传统模式。企业通过自身的积累,在各地建立分支机构和营销点,按照统一的经营管理模式实现的具有产权隶属关系的文化旅游集团。

战略合作文化旅游集团是企业为了实现自己的战略目标,与其他企业建立起优势互补、利益共享的松散联盟,企业之间可以通过合资或者契约形式缔结合作关系。它是文化旅游集团化发展的一种补充形式。

(三)横向一体化旅游集团和纵向一体化旅游集团

按照文化旅游集团发展的目的不同,可以分为横向一体化文化旅游集团和纵向一体化文化旅游集团。

横向一体化文化旅游集团是指以文化企业(旅游企业)为核心,通过兼并、对外投资等方式同旅游企业(文化企业)建立文化旅游集团,这种形式的文化旅游集团一般是为了通过产业投资来实现分散风险的目的。

纵向一体化文化旅游集团是指把与文化—旅游业务经营的各项要素结合起来进行融合经营和管理的一种集团经营方式,是对文化旅游活动多个流程阶段的重新组合。建立纵向一体化集团是文化旅游企业面对市场激烈的竞争,所采取的以扩大文化旅游集团规模的一种有效措施。可以分为前向一体化和后向一体化两种类型。

三、文化旅游产业集团化发展路径选择

(一)加强政府引导,整合国有文化旅游企业,组建文化旅游集团

文化旅游产业集团化发展是文化旅游市场发展的必然趋势,是企业之间通过控股、互相持股、契约或者战略联盟等市场行为组成的利益共同体。政府引导组建文化旅游企业集团是最简便快捷的方式,政府通过对

国有文化旅游企业的股份制改造,实行全资注入、兼并改造和委托经营等方式可以在短时间内对其他文化企业、旅游企业进行控制。加强政府引导的优势在于可以克服在产业形成初期,可以在短时间内实现产业的集团化发展。

(二)整合同类文化旅游资源,构建大型文化旅游集团

文化企业和旅游企业是文化旅游产业融合的主体,企业实力的大小和创新能力的高低对能否实现融合起着关键的制约作用。同类文化旅游资源的整合不仅可以提升文化旅游资源的文化内涵,还能够实现在资源整合驱动下的文化旅游产业集团化发展。文化旅游资源整合的核心就是形成文化旅游资源的产业化整合。就企业而言,这种文化旅游资源的整合是根据文化旅游资源和市场情况,继续扩大资源优势,提高文化旅游产品的竞争力,深入挖掘文化内涵,做大做强文化旅游产业。与此同时,抓住市场机遇,培育文化旅游企业主体,实现由单一的文化旅游资源展示向文化内涵丰富的多元化产业集团发展。文化旅游产业的集团化发展应当结合区域内文化资源的分布特征。

(三)整合互补文化旅游企业,构建多元化发展的文化旅游集团

多元化发展的概念是由著名企业战略理论家伊戈尔·安索夫首次提出的。他总结出企业成长的基本方向有四种,即现有市场内增长、开发新市场、开发新产品以及多元化。实施多元化的主要动机一般有两种:一种是将产业延伸到新的领域寻求更大的利润,另一种是将部分资源配置到不同的领域规避风险。此处的文化旅游集团的多元化发展是指以具有核心竞争力的文化企业或旅游企业为基础,为了充分发挥核心产业的竞争力,尽可能地把核心竞争力延伸到对方的新产品开发或者进入新的市场。

文化旅游产业发展的核心是对文化内涵的深入挖掘,形成具有较高审美价值和较强文化认同的文化产业—旅游产业的融合发展。因此,文化旅游集团化发展应当更加注重对文化创意、文化表现、文化传播等各个方面的深入拓展,形成以文化旅游为主,多元化发展的文化旅游集团。例如,文化旅游集团可以借助城市周边文化旅游基础建设条件好的区域,承

办一些规模大、专业性强、有影响力的大型商务会议、文艺会演、体育赛事、专业论坛等,丰富文化旅游产业新业态的发展。

(四)整合相关辅助企业,构建纵向一体化文化旅游集团

文化旅游的纵向一体化是文化旅游企业之间为克服市场失灵和组织效率下降的一种制度安排,既能够发挥专业分工带来的报酬递增,同时又能够节约由于交易范围扩大而带来的交易费用,使一体化内的企业获得相对其他单个企业的竞争优势。纵向一体化的发展是将既有的产业部门通过某种合作方式串联起来,并尽可能地向上下游产业延伸,实现不同产业的企业之间联合发展。通过延伸产业链构建纵向一体化文化旅游集团将有利于解决文化旅游市场高交易成本的状况。

文化旅游产业是一个综合性的产业,不仅涉及餐饮住宿、旅游交通、风景观光、购物、娱乐等方面,还涉及文艺表演、文化创意产业等诸多领域,因此文化旅游产业的纵向集团化应当加强对文化旅游产业相关的各个辅助产业整合,可以借助一些具有国际影响力的文化旅游景点,加快构建纵向一体化文化旅游集团。

(五)加强跨区域合作,构建跨区域文化旅游集团

文化旅游集团应当是一个开放的系统,文化旅游企业不仅要保持其在集团中的独立位置,而且应当凭借其自身的特点,加强区域文化旅游企业之间以及跨区域的文化旅游集团之间进行交流合作,通过合资、委托和契约等方式,制定共同的发展战略,从而促进整个文化旅游产业的发展。

在大力发展旅游企业集团的同时,应当从战略高度提倡和推动文化旅游企业之间的联合发展,形成具有地方特色的大型文化旅游集团组织,促进旅游企业之间的专业化分工和协作,防止文化旅游企业的过度竞争和自我封闭。提倡文化旅游企业之间进行资源共享、风险共担,利用各自企业的专业特点进行业务整合,形成具有竞争力的文化旅游产业集团组织。通过企业之间构建的合作组织,可以实现规模扩大,提高协同效应,降低成本,实现企业的长远发展。通过跨区域建立文化旅游集团之间的战略合作关系,可以促进文化旅游集团快速占领区域外的文化旅游市场,提高自身的经营管理水平,增强集团的产业规模。战略合作的文化旅游

集团之间在资源占有上是具有互补性的,通过战略合作可以促使彼此之间的优势互补,将业务延伸到战略合作伙伴的市场当中,从而降低交易成本。战略合作集团同样可以产生协同效应,在管理、技术等各部门之间进行优势互补,使集团企业之间分散的优势组合形成综合优势。

四、文化旅游产业集团化发展政策建议

大型文化旅游产业集团的发展是文化旅游产业根本转变的关键。这就要求为文化旅游集团发展创造一个相对宽松和规范化的宏观环境。在统一的组织和规划下,加强行业管理体制建设、投融资体制改革和旅游企事业单位的股份制改革,使各项改革和发展政策协调一致,加快组建战略性文化旅游集团,推进文化旅游产业的健康发展。

(一)深化和创新文化与旅游管理体制改革

文化旅游产业的发展要进一步深化管理体制改革,进行管理创新。实现政企分开,履行好政府的宏观调控职能,丰富文化旅游产业的管理手段,加快经济调节、市场监管和法律手段的体制完善,提高行政管理效率。

1.深化行政管理体制改革

要加快政府职能转变,推进政企分开,破除文化旅游产业的多头管理。进一步缩小政府承担的事务范围,严格制约政府部门对文化旅游企业和市场中介组织的直接干预,解决好政府部门对文化旅游企业生产投资、人事安排等方面的直接干预,进一步推进政资分开,打破政府与企业直接的资产纽带关系。进一步采取管理创新机制,加强文化旅游资源的统筹管理,各个管理部门要主动配合、密切协调,形成管理职能互补。

2.转变政府职能,构建公共服务型政府

政府在实行主导策略时,是通过提供优惠政策,促进某一地区和某一行业发展起来。因此,政策推动的产业集团化应当是争取政策的公平。

(二)完善文化旅游产业投融资体制

应该积极创建与文化旅游产业集团化发展相适应的金融格局。鼓励和支持大型国有银行服务文化旅游产业,打破银行服务于文化旅游产业的融资障碍。文化旅游产业应当进一步加强与金融机构的战略合作,创

新文化旅游资源的商业性信用担保体系。加大文化旅游企业通过多种途径实现上市的扶持力度,鼓励企业进行各种形式的债券融资,加快文化旅游资源的资产化运作。建立适合文化旅游产权交易的地区性交易平台,促进文化旅游企业的兼并重组实现集团化发展,真正提高文化旅游产业集团化资本运作效率。

(三)加大资源整合力度

我国许多地区文化旅游资源丰富,具有明显的资源优势,而资源优势的实现取决于在文化旅游资源产品化过程中,对文化旅游资源的整合和提升。加快资源优势向产业优势转变,必须突出对资源的整合和提升,形成具有特色的精品文化旅游资源的集聚,从而打造出精品的文化旅游产品。这种发展趋势符合现代产业集团化发展的要求,就是建立以核心文化旅游企业为主体,各种旅游资源企业分工合作,实现区域产业的集团发展。

(四)规范市场秩序,完善知识产权保护

培育企业集团更重要的是培育集团成长的融合市场环境,融合机制和融合制度,而其中重要的是完善法律法规建设,保护企业的融合创新行为和融合创新利益。同时,要用鼓励政策,如建立产业融合创新奖励制度,鼓励倡导企业不断学习融合创新的行为。当然,产业融合具有阶段性,在不同阶段政府和市场应发挥不同的作用,待文化旅游产业已度过融合发展的初始期后,政府应该及时从微观推动者向宏观管理者转变,引导融合形成的文化旅游产业在市场经济规律的作用下和谐竞争、成长、提升和壮大。

(五)多元化规模经营模式

文化旅游产业所涵盖的子行业相当广泛,不同子行业间相互关联,但同时又具有各自的独立性。文化旅游集团的发展模式即可采用多元化规模经营。文化旅游集团充分利用其产业结构多元化优势,将创意与创作、特种电影、动漫制作、数字游戏、软件设计、设备制造、主题公园、衍生产品、投资经营以及人才培养等多个领域整合在一起,形成以市场为目标的多元化产业链。比如,一座主题公园除了规模宏大的基础设施和硬件设

备的建设,还需要大量的文化产品如动漫、电影、游戏、文化衍生品等与之配套。其实文化旅游产业的各个链条是相互勾连、互相支撑、互为上下游的。动漫的一个形象可以把它放在主题公园里作为一个主题项目,进一步提升动漫产业的一个附加价值。同时,主题公园里的主题项目也可以把它衍生成动画片,动画片的播出会进一步宣传主题公园,为主题宣传带来这样一个宣传的价值。特种电影本身就构成了主题公园里的一个核心项目,主题公园也为特种电影提供了这样一个展示的场所,同时特种电影又可以作为单独的设备的销售与影片的租赁。还有很多包括游戏产业、文化产业的衍生品都是这样相互融合起来的,文化衍生品的原型基本上来源于主题公园,动漫产业的卡通形象等。其实不光是它们和主题公园之间相互融合,它们各自之间也会相互融合,那么在文化旅游集团的产业链当中,所有的这些产业领域是互相支撑、互为上下游的。这样的从单一化向多元化的一个发展,更好地利用了产业链的整体优势,能做到资源信息共享,更好地应对市场,从而提升产业的抗风险能力。

参考文献

[1]邓爱民,卢俊阳.文旅融合中的乡村旅游可持续发展研究[M].北京:中国财政经济出版社,2020.

[2]覃建雄.民族地区农文旅融合驱动乡村振兴研究[M].成都:西南交通大学出版社,2021.

[3]袁建伟.文旅融合产业区域发展创新与绍兴东亚文化之都研究[M].杭州:浙江工商大学出版社,2023.

[4]杨明,王克敏.文旅融合的理论探索与规划实践[M].北京:清华大学出版社,2023.

[5]阮可.文旅融合的基层实践——以浙江龙游红木小镇为样本[M].杭州:浙江大学出版社,2020.

[6]周红雁.文旅融合环境下的公共图书馆转型研究[M].合肥:安徽大学出版社,2021.

[7]王鑫.文旅融合视野下的地质公园开发与管理研究[M].西安:西安交通大学出版社,2022.

[8]苏航,刘小妹.红色文旅融合的规划探索与实践[M].北京:中国建筑工业出版社,2021.

[9]周建明,牛亚菲,宋增文.文旅融合发展规划——理论探索与山东实践[M].北京:中国旅游出版社,2021.

[10]宋军令.文旅融合视角下的住宿业与乡村文创研究[M].北京:中国环境出版社,2023.

[11]王毅菲.文旅融合背景下文化遗产真实性与完整性价值解读及活化研究[M].北京:人民文学出版社,2022.

[12]杨东伟.农旅融合背景下乡村旅游目的地土壤生态环境变化研究

[M].武汉:华中科技大学出版社,2022.

[13]唐承材.乡村振兴战略下北京传统村落文化传承与文旅融合发展[M].北京:科学出版社,2023.

[14]刘佳雪.文旅融合背景下的乡村旅游规划与乡村振兴发展[M].长春:吉林大学出版社,2022.

[15]谭波.乡村旅游与文化创意产业融合发展研究[M].延吉:延边大学出版社,2022.

[16]叶文.旅游融合发展:旅游产业与乡村建设[M].北京:中国环境出版社,2016.

[17]肖盛誉.文旅融合助力乡村振兴路径研究[M].延吉:延边大学出版社,2023.

[18]张春燕,资明贵.融合型乡村旅游与林区振兴[M].北京:中国社会科学出版社,2023.

[19]孙永龙.乡村旅游创意管理[M].北京:清华大学出版社,2023.

[20]干永福,刘锋.乡村旅游概论[M].北京:中国旅游出版社,2017.

[21]陈慧英.乡村旅游发展理论、实践与案例[M].武汉:华中科技大学出版社,2023.

[22]马亮.乡村旅游精品线路设计及典型案例[M].北京:中国农业出版社,2022.

[23]田逢军,汪忠列.乡村景观与乡村旅游[M].武汉:华中科技大学出版社,2023.

[24]袁苈,岳坤前.乡村旅游高质量发展研究——乡村振兴战略实践之贵州样本[M].北京:经济科学出版社,2023.

[25]张君.乡村旅游规划理论与实践研究[M].北京:中国旅游出版社,2022.

[26]朱海英,张琰飞.乡村旅游关系网络演化与治理机制研究[M].北京:经济科学出版社,2023.

[27]周杨.乡村旅游转型升级的影响因素及实现路径研究[M].北京:经

济管理出版社,2023.

[28]窦志萍.乡村旅游——从理论到实践[M].北京:中国旅游出版社,2022.

[29]张瑾.乡村旅游规划教程[M].武汉:华中科技大学出版社,2023.

[30]陈觉.乡村旅游绿色供应链及其协调机制构建:前后台结构视角[M].武汉:华中科技大学出版社,2021.